Políticas Públicas: Características e Definição

Paulo Ramos

2023

ISBN: 979-88-52535-08-5

Editora: Independently published - Amazon
Design da capa com KDP Amazon

livroseebooks.com

"Que continuemos a nos omitir da política é tudo o que os malfeitores da vida pública mais querem"

Bertolt Brecht

"Não há nada de errado com aqueles que não gostam de política, simplesmente serão governados por aqueles que gostam"

Platão

"A política não deveria ser a arte de dominar, mas sim a arte de fazer justiça"

Aristóteles

"A maior habilidade de um líder é desenvolver habilidades extraordinárias em pessoas comuns"

Abraham Lincoln

Dedico esta obra aos amigos Hildelano Delanuse,
Antonio Filho e Celso Franca (*in memoriam*).

Sumário

Introdução

As políticas públicas desempenham um papel fundamental na sociedade contemporânea, moldando a forma como os governos respondem às demandas e necessidades da população. A compreensão dessas políticas é crucial para uma análise aprofundada dos processos de formulação, implementação e avaliação das ações governamentais. É nesse contexto que o presente livro se insere.

A complexidade das sociedades modernas exige respostas efetivas e eficientes por parte dos governos, o que implica a necessidade de políticas públicas cuidadosamente concebidas e implementadas. Contudo, o estudo das políticas públicas não se restringe apenas aos acadêmicos e especialistas no campo da administração pública. Cada vez mais, cidadãos engajados e movimentos sociais estão se envolvendo no debate e na formulação dessas políticas, tornando-se atores ativos e conscientes na construção de uma sociedade mais justa e inclusiva, cujas políticas públicas refletem esta participação.

O objetivo deste livro é fornecer aos leitores uma visão abrangente e aprofundada sobre as políticas públicas, explorando as diversas dimensões e características que as permeiam. Ao longo dos capítulos, examinaremos as principais teorias e abordagens sobre políticas públicas, bem como os diferentes estágios do ciclo destas ações do Estado, que compreendem a formulação, implementação, avaliação e reformulação dessas políticas. Além disso, iremos analisar os atores envolvidos no processo de políticas públicas, a participação cidadã e os processos de tomada de decisão.

Uma das questões fundamentais que serão abordadas neste livro diz respeito às características principais das políticas públicas. Investigaremos também os objetivos e finalidades dessas políticas, os instrumentos utilizados para sua implementação, bem como as diferentes escalas de intervenção, que variam do nível local ao global. Além disso, examinaremos o contexto político e institucional em que as políticas públicas são formuladas e implementadas, compreendendo sua relação com as estruturas de poder, as instituições governamentais e os mecanismos de responsabilidade.

A análise de casos práticos também é uma parte essencial deste livro. Por meio do estudo de políticas públicas em diferentes áreas, como saúde, educação, meio ambiente e desenvolvimento econômico, iremos ilustrar as teorias e conceitos discutidos, apresentando exemplos concretos de sucessos e desafios na implementação de políticas públicas.

Além disso, faremos uma análise comparativa de políticas públicas em níveis nacional e internacional, destacando lições aprendidas e boas práticas que podem ser aplicadas em diferentes contextos.

À medida que avançamos para o futuro, as políticas públicas enfrentam novos desafios e demandas. Portanto, dedicaremos um capítulo para discutir as perspectivas futuras das políticas públicas, explorando tendências emergentes e examinando o papel da inovação e da tecnologia na formulação e implementação dessas políticas.

Este livro destina-se a acadêmicos, estudantes, profissionais da Administração Pública e das Ciências Sociais, bem como a todos aqueles interessados em compreender e se engajar no debate sobre políticas públicas.

Buscamos fornecer uma base sólida de conhecimento teórico e prático, que permitirá aos leitores analisar criticamente as políticas públicas em seu contexto mais amplo e contribuir para a construção de políticas públicas mais eficazes e inclusivas.

Ao explorar as definições e características das políticas públicas, esperamos que este livro desperte o interesse dos leitores pelo estudo desse campo em constante evolução.

Acreditamos que o conhecimento adquirido nesta obra será um importante instrumento para uma análise crítica e informada das políticas públicas, contribuindo para a promoção do bem-estar social e a melhoria da qualidade de vida de indivíduos e comunidades.

Além disso, este livro visa preencher uma lacuna na literatura acadêmica, fornecendo uma abordagem abrangente e atualizada sobre o tema das políticas públicas. Embora existam diversos estudos e publicações sobre o assunto, poucos abordam de maneira tão detalhada as definições e características das políticas públicas em um único volume.

O estudo das políticas públicas é uma área multidisciplinar, que abrange conceitos e teorias da administração pública, ciência política, economia, sociologia e outras disciplinas relacionadas. Nesse sentido, este livro busca integrar diferentes perspectivas teóricas e metodológicas, oferecendo uma compreensão ampla e interdisciplinar das políticas públicas.

Ao explorar o ciclo de políticas públicas, examinaremos cada estágio de forma aprofundada. Isso inclui a formulação das políticas, em que serão abordados os processos de identificação de problemas, definição de objetivos, escolha de instrumentos e construção de consensos.

A implementação das políticas também será analisada, levando em consideração os desafios práticos, a coordenação entre os atores envolvidos e a efetividade das ações governamentais. A avaliação das políticas públicas é outro aspecto crucial, uma vez que permite a análise de impacto e a identificação de ajustes necessários para melhorar a eficácia e eficiência das políticas.

Além dos aspectos processuais, dedicaremos atenção aos atores e processos envolvidos na formulação e implementação das políticas públicas. Isso inclui a análise dos diferentes stakeholders, como governos, organizações da sociedade civil, setor privado e cidadãos, destacando sua influência, interesses e capacidade de participação. Também abordaremos os processos de tomada de decisão e negociação, considerando as dinâmicas políticas e institucionais que moldam as políticas públicas.

É importante ressaltar que as políticas públicas não são um campo estático, mas estão em constante evolução. O contexto político, social e econômico em que as políticas são formuladas e implementadas está em constante mudança, exigindo adaptações e respostas flexíveis. Portanto, é fundamental analisar as características contextuais das políticas públicas, considerando as especificidades de cada país, região ou comunidade.

Ao longo deste livro, também enfatizaremos a importância da análise comparativa de políticas públicas em diferentes contextos nacionais e internacionais. Através dessa abordagem, poderemos identificar lições aprendidas e boas práticas que podem ser aplicadas em diferentes realidades, contribuindo para a construção de políticas mais efetivas e sustentáveis.

Este livro também se propõe a discutir as perspectivas futuras e os desafios enfrentados pelas políticas públicas. À medida que novos problemas emergem e novas demandas sociais surgem, é necessário refletir sobre como as políticas públicas podem responder a esses desafios de forma inovadora e adaptativa. Também exploraremos o papel da tecnologia e da inovação como ferramentas potenciais para aprimorar a formulação e implementação das políticas públicas.

No decorrer deste livro, convidamos os leitores a refletirem criticamente sobre as políticas públicas, suas definições, características e implementação. Esperamos que essa obra seja um recurso valioso para aqueles que desejam aprofundar seus conhecimentos nessa área vital para o funcionamento das sociedades contemporâneas.

Esta obra nasceu das reflexões e estudos do autor junto às disciplinas de Políticas Públicas e Estudos Políticos na Universidade Federal do Vale do São Francisco, e da necessidade de buscar referências para o embasamento das aulas ministradas sobre a temática. A carência de bibliografia específica, que contemple esta abordagem serviu como incentivo para a produção do presente livro.

Após o exaustivo estudo que durou cerca de dois anos, apresentamos ao público este estudo, o qual esperamos contribuir para o embasamento teórico de estudantes e professores de diferentes áreas do conhecimento, para estudiosos das políticas públicas, bem como para os agentes políticos como forma de incentivar a promoção de políticas públicas mais efetivas, equitativas e responsáveis, visando sempre o bem comum e o progresso social.

Capítulo 1

Compreendendo as Políticas Públicas

No presente capítulo, adentraremos no campo específico das políticas públicas, buscando uma compreensão aprofundada sobre esse fenômeno complexo e multifacetado. Para tanto, começaremos explorando a definição e o conceito de políticas públicas, a fim de estabelecer uma base conceitual sólida para a nossa análise.

As políticas públicas são uma área de estudo interdisciplinar que se ocupa da análise das ações e decisões do Governo, visando à solução de problemas e à promoção do bem-estar social. Contudo, uma definição precisa do termo "políticas públicas" não é uma tarefa trivial, uma vez que há divergências e nuances entre os diferentes autores e correntes teóricas.

De forma geral, podemos entender as políticas públicas como as ações deliberadas dos governos ou de outras instituições públicas, orientadas para atender as necessidades coletivas, regular setores da sociedade, ou promover mudanças sociais e econômicas. Essas políticas envolvem a definição de objetivos, a alocação de recursos, a seleção de instrumentos e a implementação de ações concretas para alcançar os resultados desejados.

Uma das principais características das políticas públicas é a sua natureza coletiva. Ao lidar com questões de interesse público, as políticas públicas visam, em tese, beneficiar a sociedade como um todo, em contraste com ações individuais ou restritas a grupos específicos. Por isso, elas devem ser orientadas por princípios de justiça social, equidade e promoção do bem comum.

Outra característica fundamental das políticas públicas é o seu caráter governamental. Embora possam envolver a participação de atores não estatais, como organizações da sociedade civil e setor privado, a responsabilidade pela formulação e implementação das políticas públicas recai sobre os governos e suas instituições. Essas instituições são responsáveis por representar o interesse público, tomar decisões políticas e administrar recursos públicos para alcançar os objetivos estabelecidos.

As políticas públicas também são processos dinâmicos, que envolvem diversas etapas e interações entre diferentes atores. Comumente, utiliza-se o conceito de "ciclo de políticas públicas" para descrever essas fases, que incluem a formulação, implementação, avaliação e revisão das políticas.

Cada etapa do ciclo possui suas próprias características e desafios, exigindo abordagens e instrumentos específicos.

Compreender as políticas públicas é essencial para analisar como os governos respondem aos desafios e demandas da sociedade. Ao estudar esse campo, torna-se possível compreender as estratégias adotadas, os interesses envolvidos, os obstáculos enfrentados e os resultados alcançados. Isso possibilita uma análise crítica das políticas públicas, identificando seus pontos fortes e fracos, e contribuindo para a formulação de propostas de melhoria.

Neste capítulo, aprofundaremos nossa análise, explorando as diversas abordagens teóricas sobre políticas públicas, bem como a evolução histórica do campo de estudo. Examinaremos os principais modelos explicativos, como o modelo incrementalista, o modelo racional-compreensivo e o modelo de advocacy, entre outros, buscando entender suas contribuições e limitações para a compreensão das políticas públicas.

Também discutiremos a relação entre políticas públicas e democracia, destacando a importância da participação cidadã e da responsabilidade na formulação e implementação das políticas. Analisaremos o papel dos atores envolvidos, como burocratas, legisladores, grupos de interesse e cidadãos, e como suas interações influenciam o processo de políticas públicas.

Por fim, exploraremos a importância da análise comparativa de políticas públicas, destacando a necessidade de contextualizar as políticas em diferentes realidades nacionais e internacionais. Compreender as diferenças e semelhanças entre as políticas públicas adotadas em diferentes países e regiões nos permitirá identificar boas práticas, lições aprendidas e desafios comuns, contribuindo para aprimorar a eficácia das políticas públicas.

Desta forma, neste capítulo introdutório, buscamos fornecer uma visão geral sobre o campo das políticas públicas e a importância de compreendê-las em seu contexto mais amplo. Ao explorar definições, conceitos e abordagens teóricas, pretendemos estabelecer um alicerce sólido para as análises e reflexões apresentadas nos capítulos subsequentes deste livro. Convidamos o leitor a adentrar neste fascinante campo de estudo e a acompanhar-nos na jornada de compreender as políticas públicas e suas características distintivas.

1.1 Conceituação e Definição de Políticas Públicas

A compreensão das políticas públicas requer um exame cuidadoso de sua conceituação e definição, dada a natureza complexa e multifacetada desse campo de estudo. Ao longo dos anos, diferentes autores e correntes teóricas contribuíram para a construção de definições abrangentes e abordagens analíticas que ajudam a elucidar esse fenômeno. Nesta seção, exploraremos algumas dessas definições e conceitos fundamentais.

As políticas públicas podem ser entendidas como o conjunto de decisões e ações tomadas por governos e outras instituições públicas para lidar com problemas ou demandas sociais, buscando promover o bem-estar coletivo e regular a vida em sociedade (Dye, 2017; Peters, 2018). Elas envolvem a alocação de recursos, a definição de objetivos, a seleção de instrumentos e a implementação de ações concretas para atingir resultados desejados (Birkland, 2015; Sabatier, 2020).

Uma definição amplamente reconhecida é a de Thomas Dye, que descreve as políticas públicas como "o que o Governo escolhe fazer ou não fazer" (Dye, 2017, p. 2). Essa perspectiva enfatiza o caráter intencional das políticas públicas, destacando a capacidade dos governos de tomar decisões e tomar medidas para abordar questões sociais específicas e gerais.

Outro autor de referência no campo das políticas públicas é Michael Howlett, que as define como "instrumentos de Governo utilizados para enfrentar problemas públicos e atingir metas coletivas" (Howlett, 2019, p. 4). Essa definição ressalta a dimensão problemática das políticas públicas, indicando que elas surgem em resposta a desafios específicos enfrentados pela sociedade.

No entanto, é importante notar que a definição e conceituação das políticas públicas não são unânimes. Diferentes correntes teóricas e perspectivas disciplinares oferecem visões complementares e nuances adicionais. Por exemplo, a abordagem da Ciência Política enfatiza a dimensão governamental das políticas públicas, enfocando os processos de tomada de decisão, o papel das instituições e os fatores políticos que influenciam as políticas (Sabatier, 2020).

Por sua vez, a abordagem da Administração Pública considera a implementação das políticas, destacando as questões de gestão, coordenação e capacidade administrativa necessárias para transformar as decisões em ações efetivas (Birkland, 2015; Peters, 2018).

Entre as principais abordagens teóricas sobre políticas públicas, destacam-se o modelo incrementalista, o modelo racional-compreensivo, o modelo de advocacy e o modelo de governança (Cohen et al., 2019; Jenkins-Smith & Sabatier,

2019). Cada um desses modelos oferece uma perspectiva teórica específica sobre como as políticas públicas são formuladas, implementadas e avaliadas.

O modelo incrementalista, desenvolvido por Charles Lindblom (1959), argumenta que as políticas públicas são resultado de pequenos ajustes e mudanças graduais, ao invés de mudanças abruptas ou reformas radicais. Esse modelo enfatiza a importância da negociação, do consenso e do aprendizado ao longo do tempo na formulação e implementação das políticas.

Por outro lado, o modelo racional-compreensivo, o qual tem como referência o trabalho de Herbert Simon (1957), defende que as políticas públicas são o resultado de um processo racional e analítico, no qual os tomadores de decisão identificam problemas, avaliam alternativas e escolhem a solução mais eficiente e eficaz.

Já o modelo de advocacy, influenciado pelo trabalho de Sabatier e Jenkins-Smith (1993), enfatiza o papel dos grupos de interesse e da participação política na formulação e implementação das políticas públicas. Esse modelo destaca a importância da pressão política, da mobilização social e do ativismo na definição da agenda e na influência das políticas.

Por fim, o modelo de governança, que tem ganhado destaque nas últimas décadas, ressalta a importância da cooperação e colaboração entre atores públicos, privados e da sociedade civil na formulação e implementação das políticas públicas.

Esse modelo reconhece a complexidade dos problemas contemporâneos e a necessidade de abordagens participativas e interorganizacionais.

Em suma, a conceituação e definição de políticas públicas são fundamentais para a compreensão e análise desse campo de estudo. Embora haja divergências e nuances entre os diferentes autores e correntes teóricas, há um consenso sobre a natureza coletiva, intencional e governamental das políticas públicas. Ao explorar as várias definições e conceitos apresentados, estabelecemos uma base sólida para a análise das características e processos envolvidos na formulação e implementação das políticas públicas.

1.2 Evolução Histórica do Campo de Estudo

A compreensão das políticas públicas como um campo de estudo consolidado é resultado de uma evolução histórica que remonta a várias décadas. Nesta seção, exploraremos as principais etapas e marcos dessa evolução, desde os primeiros estudos sobre administração pública até a consolidação da política comparada e das abordagens interdisciplinares.

O estudo das políticas públicas tem suas raízes na tradição da administração pública, que se concentrou principalmente na gestão e organização do Governo.

No início do século XX, os esforços para tornar a administração mais eficiente e eficaz levaram ao surgimento de estudos sobre a formulação e implementação das políticas públicas (Peters & Pierre, 2019).

Autores como Woodrow Wilson (1877) e Leonard White (1948) foram pioneiros na análise dos processos de tomada de decisão governamental.

Durante as décadas de 1950 e 1960, houve um interesse crescente pelas políticas públicas como objeto de estudo. Nesse período, o foco se deslocou da gestão governamental para a análise dos problemas sociais e da ação governamental para enfrentá-los. Autores como Harold Lasswell e Charles Lindblom contribuíram com abordagens teóricas inovadoras, explorando a relação entre os atores políticos, as decisões governamentais e as consequências das políticas (Sabatier, 2020).

Na década de 1970, o campo das políticas públicas começou a se consolidar como uma disciplina autônoma, com a criação de programas acadêmicos específicos e a publicação de obras fundamentais. Nesse período, a teoria do processo de políticas públicas, desenvolvida por autores como Charles E.

Lindblom, David Easton e Aaron Wildavsky, desempenhou um papel central na definição das principais questões e abordagens do campo (Hill & Varone, 2019).

A partir da década de 1980, ocorreu uma expansão significativa do campo, com a incorporação de abordagens interdisciplinares e a aplicação de métodos quantitativos e qualitativos na análise das políticas públicas. A política comparada tornou-se um componente importante, permitindo a comparação de políticas em diferentes contextos nacionais e a identificação de padrões e lições aprendidas (Peters, 2018).

Nas últimas décadas, a complexidade e a interconexão dos problemas sociais têm impulsionado a adoção de abordagens mais integradas e colaborativas no estudo das políticas públicas. Abordagens como a governança e a análise de redes têm enfatizado a importância da participação cidadã, da sociedade civil e do setor privado na formulação e implementação das políticas (Fischer, 2017).

Nesse contexto, a teoria dos fluxos múltiplos de John W. Kingdon e a abordagem de advocacy coalitions de Paul Sabatier e Hank Jenkins-Smith são exemplos de abordagens teóricas que destacam a interação entre atores e a dinâmica política na formação e implementação das políticas públicas (Cohen et al., 2019; Jenkins-Smith & Sabatier, 2019).

A evolução histórica do campo de estudo das políticas públicas demonstra a sua progressiva autonomia como disciplina acadêmica.

A partir de uma ênfase inicial na administração e gestão governamental, o campo evoluiu para uma análise mais aprofundada dos processos de formulação, implementação e avaliação das políticas públicas.

A incorporação de abordagens interdisciplinares, teorias explicativas e métodos de pesquisa diversificados contribuiu para a compreensão mais abrangente e sofisticada desse fenômeno complexo.

Além dos aspectos já mencionados, a evolução histórica do campo de estudo das políticas públicas também envolve outros elementos importantes, como a influência de contextos políticos e socioeconômicos específicos, a globalização e a emergência de novos desafios e abordagens analíticas. Nesta seção, aprofundaremos esses aspectos, destacando a contribuição de alguns autores e obras relevantes.

Uma das dimensões fundamentais na evolução do campo de estudo das políticas públicas é a influência dos contextos políticos e socioeconômicos específicos em diferentes períodos. Autores como Peter Hall e Rosemary O'Leary têm explorado como fatores históricos, como as mudanças de regimes políticos, as crises econômicas e os movimentos sociais, moldaram a agenda e as estratégias de políticas públicas (Hall, 1993; O'Leary, 2006).

A globalização também desempenhou um papel significativo na evolução do campo das políticas públicas. A crescente interdependência entre países e as demandas por coordenação e cooperação internacional impulsionaram o surgimento de estudos sobre políticas públicas globais e transnacionais. Autores como Diane Stone e David Held têm analisado as dinâmicas políticas e institucionais dessas políticas, assim como o impacto das organizações internacionais e dos acordos globais (Stone, 2012; Held, 1995).

Além disso, novos desafios e abordagens analíticas têm emergido na evolução do campo. A preocupação com a sustentabilidade, a governança ambiental e a justiça social tem levado a um aumento no estudo das políticas públicas relacionadas a questões globais, como mudanças climáticas, energia renovável e desigualdade. Autores como Frank Fischer e John Dryzek têm explorado abordagens participativas e deliberativas nessas áreas (Fischer, 2017; Dryzek, 2005).

Outro aspecto relevante é a incorporação de abordagens interdisciplinares e a utilização de métodos de pesquisa inovadores. A análise de políticas públicas tem se beneficiado da contribuição de disciplinas como a sociologia, a economia, a ciência política e a psicologia, resultando em uma compreensão mais abrangente e multifacetada do processo de formulação e implementação das políticas públicas. Autores como Michael Howlett e Barry R. Weingast têm explorado as dimensões metodológicas e teóricas desse enfoque (Howlett, 2019; Weingast, 2014).

1.3 Etapas de desenvolvimento das Políticas Públicas

As políticas públicas geralmente seguem um conjunto de etapas para sua elaboração e implementação (Birkland, 2015). Embora possa haver variações e adaptações em diferentes contextos, as principais etapas das políticas públicas são:

Identificação do problema: A primeira etapa envolve a identificação e definição clara do problema que a política pública pretende abordar. Isso envolve a análise da situação atual, a coleta de dados e informações relevantes e a compreensão das necessidades e demandas da sociedade.

Formulação da política: Nesta etapa, são desenvolvidas propostas de políticas que possam resolver ou mitigar o problema identificado. Isso inclui a definição dos objetivos da política, a análise das opções disponíveis e a consideração dos recursos necessários.

Tomada de decisão: A decisão sobre qual política será adotada é tomada pelas autoridades responsáveis. Isso pode envolver a participação de diferentes atores, como legisladores, líderes governamentais e especialistas, e a consideração de fatores políticos, econômicos e sociais.

Implementação da política: A etapa de implementação envolve a transformação da política em ações concretas. Isso inclui a alocação de recursos, a definição de responsabilidades, a criação de mecanismos de monitoramento e avaliação, e a mobilização de atores e instituições relevantes para executar as ações previstas.

Avaliação da política: Após a implementação, a política pública é avaliada para verificar se está alcançando os resultados esperados. Isso envolve a coleta de dados, a análise dos impactos e efeitos da política, e a identificação de ajustes ou melhorias necessárias.

Revisão e aprimoramento: Com base na avaliação, as políticas públicas podem ser revisadas e aprimoradas para aumentar sua efetividade e eficiência. Isso pode envolver ajustes nas estratégias, realocação de recursos, revisão das metas e dos objetivos, entre outras medidas.

É importante ressaltar que essas etapas podem se sobrepor ou ocorrer de forma iterativa, com revisões e ajustes ao longo do processo. Além disso, a participação dos cidadãos e a transparência nas decisões são elementos cruciais para o desenvolvimento de políticas públicas mais legítimas e eficazes.

1.4 Tipologia das Políticas Públicas

Existem várias classificações possíveis para os tipos de políticas públicas, dependendo do enfoque e dos pressupostos que cada pesquisador utiliza para análise (Birkland, 2015). Todavia, segue abaixo alguns dos principais tipos comumente utilizados, que não se excluem.

Políticas distributivas ou redistributivas: São políticas que visam promover a redistribuição de recursos e reduzir as desigualdades sociais e econômicas. Exemplos incluem implementação de programas de transferência de renda, como bolsa família, auxílio emergencial, seguro-desemprego, aposentadoria e pensões. Esses programas visam fornecer apoio financeiro direto às famílias de baixa renda, reduzindo a pobreza e promovendo maior equidade social e de renda, com o estabelecimento de um sistema tributário progressivo, no qual aqueles que possuem maior capacidade contributiva pagam uma parcela maior de seus rendimentos em impostos. Isso pode ser alcançado por meio de alíquotas de imposto de renda progressivas, impostos sobre propriedade e herança, investimentos na educação pública de qualidade e acesso universal à saúde, garantindo que todos os cidadãos tenham acesso igualitário a serviços essenciais, independentemente de sua situação socioeconômica, implementação de programas de treinamento profissional e inserção no mercado de trabalho, visando promover a igualdade de oportunidades e melhorar as condições de trabalho para grupos historicamente marginalizados ou em situação de vulnerabilidade, implementação de programas de habitação social para fornecer moradia acessível e de qualidade para famílias de baixa renda, reduzindo o déficit habitacional e promovendo a inclusão social, investimentos em infraestrutura básica, como água potável, eletricidade, saneamento básico e transporte público, em áreas economicamente desfavorecidas, garantindo o acesso a serviços essenciais para todos os cidadãos.

Políticas regulatórias: São políticas que têm como objetivo regular e controlar as atividades e comportamentos de indivíduos, organizações e setores da sociedade. Exemplos incluem estabelecimento de normas e regulamentações para controlar as atividades do setor financeiro, como bancos e instituições financeiras, visando garantir a estabilidade e a transparência do sistema financeiro, prevenir fraudes e proteger os consumidores, implementação de políticas e regulamentações para controlar a poluição, preservar os recursos naturais e mitigar os impactos ambientais negativos, por meio de restrições e padrões ambientais, licenciamento ambiental, incentivos à adoção de práticas sustentáveis e punições para violações, estabelecimento de regras e regulamentações para o setor de telecomunicações, como controle de tarifas, proteção do consumidor, garantia da qualidade dos serviços, alocação de frequências de rádio e televisão, e promoção da concorrência justa, estabelecimento de diretrizes e regulamentos para a produção, registro e comercialização de medicamentos, garantindo a segurança, eficácia e qualidade dos produtos farmacêuticos, além de proteger os consumidores de práticas desonestas, implementação de políticas e regulamentações para garantir a segurança dos alimentos, incluindo padrões de higiene, rastreabilidade, rotulagem adequada, controle de aditivos e contaminantes, além de inspeções e fiscalizações, estabelecimento de políticas e regulamentações para controlar a produção, distribuição e consumo de energia, com foco na segurança, eficiência energética, diversificação da matriz energética e estímulo ao uso de fontes renováveis.

Políticas públicas setoriais: São políticas voltadas para setores específicos da sociedade, como saúde, educação, transporte, habitação, segurança, entre outros. Essas políticas buscam abordar desafios e necessidades específicas dentro de um determinado setor. Exemplos destas políticas são programas de vacinação em larga escala, estabelecimento de centros de saúde comunitários, campanhas de prevenção de doenças, regulamentação do setor de saúde para garantir padrões de qualidade e acessibilidade, expansão do acesso à educação básica e superior, implementação de programas de alfabetização e educação inclusiva, investimentos em infraestrutura escolar, desenvolvimento de currículos e programas educacionais, construção e manutenção de redes de transporte público, criação de ciclovias e calçadas para promover a mobilidade sustentável, investimentos em infraestrutura rodoviária, regulamentação e fiscalização do setor de transporte, implementação de programas de moradia popular para reduzir o déficit habitacional, subsídios para aquisição ou aluguel de imóveis, regularização fundiária, incentivos para construção de moradias de baixo custo.

Políticas de segurança: São políticas que têm como objetivo garantir a segurança e proteção da população, abordando questões relacionadas à segurança pública, segurança nacional e defesa. Exemplos são investimentos em programas de prevenção ao crime, como ações de policiamento comunitário, programas de conscientização e educação sobre segurança, campanhas de combate à violência doméstica, projetos de ressocialização de infratores, implementação de estratégias para combater organizações criminosas, como a criação de forças-tarefa especializadas, cooperação entre agências de segurança e inteligência, leis mais rígidas e ações de combate à lavagem de dinheiro, fortalecimento do controle e fiscalização nas fronteiras para impedir a entrada de drogas, armas e contrabando, treinamento e capacitação de agentes de fronteira, investimento em tecnologias de vigilância e monitoramento, desenvolvimento de estratégias e regulamentações para proteger infraestruturas críticas contra ataques cibernéticos, criação de equipes especializadas em segurança cibernética, conscientização e educação da população sobre boas práticas de segurança digital, investimento na modernização e fortalecimento das Forças Armadas, aquisição de equipamentos e tecnologias de defesa, desenvolvimento de estratégias de segurança nacional, cooperação e alianças internacionais para a defesa mútua, investimentos em equipamentos e tecnologias para aprimorar a capacidade de resposta das forças policiais, melhoria das condições de trabalho dos policiais, aprimoramento dos sistemas de inteligência e investigação criminal, estabelecimento de parcerias com a comunidade para promover a segurança.

Políticas de desenvolvimento econômico: São políticas que visam promover o crescimento econômico, estimular a inovação, criar empregos e melhorar a competitividade do país. Exemplos incluem implementação de programas de investimento em infraestrutura, como construção de estradas, portos, aeroportos, redes de telecomunicações e energia, visando melhorar a logística, facilitar o comércio e atrair investimentos, estabelecimento de políticas e programas de incentivo à pesquisa científica e desenvolvimento tecnológico, como subsídios, financiamentos e parcerias público-privadas, para estimular a inovação, a criação de novas tecnologias e o desenvolvimento de setores de alto valor agregado, implementação de políticas que visam fortalecer a indústria nacional, como estímulos fiscais, crédito subsidiado, apoio à capacitação e formação de mão de obra qualificada, promoção de clusters e arranjos produtivos locais, criação de programas de apoio ao empreendedorismo, como incubadoras de startups, aceleração de negócios, acesso facilitado a crédito e capacitação empresarial, com o objetivo de fomentar o surgimento de novas empresas e estimular a criação de empregos, implementação de políticas que promovem a abertura comercial, facilitam o comércio exterior e incentivam a participação em acordos de livre comércio, com o intuito de expandir os mercados para os produtos e serviços nacionais e atrair investimentos estrangeiros, investimentos em educação de qualidade e programas de capacitação profissional para fornecer às pessoas as habilidades necessárias para atender às demandas do mercado de trabalho, melhorar a produtividade e promover a empregabilidade.

Políticas preventivas: São políticas que buscam prevenir problemas e crises antes que eles ocorram. Essas políticas estão relacionadas à prevenção de doenças, desastres naturais, violência, entre outros. O foco é antecipar e mitigar os riscos e impacts negativos. Exemplos são Implementação de programas de vacinação em larga escala, campanhas de conscientização sobre práticas saudáveis, programas de prevenção de doenças, exames de rastreamento, incentivo à adoção de hábitos saudáveis e promoção da saúde mental, desenvolvimento de sistemas de alerta precoce, planejamento urbano adequado para evitar a ocupação de áreas de risco, construção de infraestruturas resistentes a desastres, investimentos em medidas de proteção contra enchentes, incêndios florestais, terremotos e furacões, implementação de programas de prevenção da violência, como campanhas de conscientização, educação sobre resolução pacífica de conflitos, programas de mediação e diálogo, políticas de controle de armas e restrição ao acesso a substâncias ilícitas, desenvolvimento de programas de prevenção do crime, como policiamento comunitário, programas de reabilitação de infratores, medidas de segurança em espaços públicos, iluminação adequada, monitoramento por câmeras de segurança e estímulo à participação cívica, implementação de políticas voltadas para a promoção da igualdade de oportunidades, como programas de transferência de renda, acesso universal à educação de qualidade, inclusão social de grupos vulneráveis, combate à discriminação e promoção da equidade de gênero, implementação de regulamentações e medidas de proteção ambiental para evitar a degradação ambiental, como restrições ao desmatamento, incentivo à energia limpa e renovável, práticas sustentáveis na indústria e agricultura, gestão adequada de resíduos.

Políticas de capacitação e desenvolvimento humano: São as políticas que têm como objetivo promover o desenvolvimento humano, o acesso à educação, a formação profissional e a capacitação da população. Essas políticas buscam melhorar as habilidades e competências das pessoas, visando ao seu desenvolvimento pessoal e ao aumento da empregabilidade. Como exemplo podemos citar políticas que visam garantir o acesso universal à educação de qualidade em todos os níveis, desde a educação infantil até o ensino superior. Isso pode envolver a expansão de escolas, a melhoria dos currículos, o treinamento de professores e a criação de programas de inclusão educacional, estabelecimento de programas de formação profissional e técnica que visam desenvolver habilidades específicas e competências demandadas pelo mercado de trabalho. Isso pode incluir cursos profissionalizantes, estágios, programas de aprendizagem e parcerias entre instituições de ensino e empresas, implementação de programas e incentivos para a educação continuada ao longo da vida, visando à atualização e aquisição de novas habilidades ao longo da carreira profissional. Isso pode envolver cursos de reciclagem, treinamentos especializados, programas de aprendizagem online e bolsas de estudos para aprimoramento acadêmico, implementação de programas que visam garantir o acesso e o uso das tecnologias digitais, bem como a alfabetização digital, especialmente para grupos vulneráveis ou com menor acesso aos recursos tecnológicos. Isso pode incluir a disponibilização de equipamentos, conexão à internet e treinamentos específicos, criação de políticas e programas de apoio ao empreendedorismo, que incentivam a criação de novos negócios e estimulam a inovação. Isso pode envolver o fornecimento de financiamento, mentoria, capacitação em gestão empresarial e acesso a redes de empreendedores, implementação de políticas que promovam a igualdade de oportunidades e a inclusão de grupos historicamente marginalizados, como mulheres, minorias étnicas e pessoas com deficiência. Isso pode incluir programas de capacitação específicos, políticas de cotas e ações afirmativas.

Políticas de inclusão social: São políticas voltadas para a inclusão de grupos marginalizados e vulneráveis na sociedade, como pessoas com deficiência, minorias étnicas, imigrantes, entre outros. Essas políticas visam garantir a igualdade de oportunidades e promover a participação plena desses grupos na vida social, econômica e política. Exemplos são as medidas para garantir a acessibilidade física, digital e social a todas as pessoas, incluindo a construção de rampas, elevadores e banheiros acessíveis, a disponibilização de recursos de comunicação para pessoas com deficiência, a adaptação de websites e aplicativos para acessibilidade, implementação de políticas e programas que garantem o acesso e a participação plena de todos os estudantes em ambientes educacionais, independentemente de suas diferenças e necessidades especiais. Isso pode incluir o fornecimento de recursos de apoio, adaptação de materiais didáticos, treinamento de professores e promover a inclusão de alunos com deficiência em escolas regulares, programas de treinamento e capacitação profissional específicos para grupos marginalizados, visando aumentar suas habilidades e oportunidades de emprego. Isso pode incluir programas de aprendizagem, estágios, apoio ao empreendedorismo e incentivos fiscais para contratação de pessoas de grupos vulneráveis, regulamentações que visam combater a discriminação e promover a igualdade de oportunidades. Isso pode envolver a criação de leis antidiscriminação, campanhas de conscientização, programas de sensibilização e ações afirmativas para grupos marginalizados, programas que visam garantir o acesso igualitário aos serviços de saúde e assistência social para todos os grupos, incluindo a criação de centros de atendimento específicos, serviços de suporte e proteção, e acesso a cuidados de saúde adequados, programas de habitação que promovem a inclusão e o acesso igualitário à moradia para todos os grupos sociais, incluindo a construção de habitações populares, o fornecimento de subsídios habitacionais e a promoção da regularização fundiária.

Políticas de governança: São políticas que têm como objetivo promover a transparência, a participação cidadã, a prestação de contas e a eficiência na gestão pública. Essas políticas buscam fortalecer os mecanismos de governança, envolvendo a sociedade civil, os setores público e privado, e garantir a qualidade e a responsabilidade na tomada de decisões. Como exemplos temos as leis e regulamentações que garantem o acesso à informação pública, divulgação de dados governamentais, criação de portais de transparência, relatórios de prestação de contas e informações claras sobre a gestão pública, promoção da participação ativa dos cidadãos na tomada de decisões, por meio de mecanismos como audiências públicas, consultas populares, conselhos e comitês participativos, incentivo à participação da sociedade civil em processos de formulação e implementação de políticas públicas, implementação de mecanismos de controle e prevenção da corrupção, como leis anticorrupção, órgãos de fiscalização, transparência nos processos de contratação pública, incentivo à denúncia de irregularidades e programas de ética e integridade no setor público, medidas para aumentar a eficiência e a qualidade dos serviços públicos, como simplificação de processos burocráticos, uso de tecnologia da informação para automação de procedimentos, avaliação de desempenho e metas de resultados, regulamentações que promovem a colaboração entre o setor público e o setor privado na prestação de serviços públicos, com o objetivo de melhorar a qualidade, eficiência e sustentabilidade desses serviços, mecanismos de identificação, avaliação e gestão de riscos, com o objetivo de prevenir crises e mitigar seus impactos, incluindo a criação de planos de contingência, seguros públicos e estratégias de resposta a emergências.

Políticas constitutivas: Política pública constitutiva se refere as políticas que têm como objetivo estabelecer, moldar ou modificar as estruturas, instituições ou normas da sociedade, ou seja, podem envolver mudanças estruturais, institucionais ou normativas que impactam a sociedade como um todo, estabelecendo os princípios e fundamentos que guiam as ações e o desenvolvimento do país. Em vez de lidar com questões específicas ou problemas pontuais, elas abordam questões mais amplas e estruturais. Exemplos deste tipo é a criação ou alteração da Constituição de um país, pois estabelece os princípios e direitos fundamentais que orientam a organização política e social de uma nação. Iniciativas que buscam reformar as estruturas e regras do sistema político, como a introdução de cotas para grupos sub-representados, reformas no financiamento de campanhas eleitorais ou a adoção de novos sistemas eleitorais. Medidas destinadas a reestruturar ou modificar as instituições governamentais, como a criação de órgãos reguladores independentes, reformas na administração pública ou a adoção de novos modelos de governança. Iniciativas que visam promover o diálogo e a participação dos diferentes setores da sociedade na definição de acordos e consensos sobre questões fundamentais, como a construção de políticas de inclusão social ou a promoção do respeito aos direitos humanos.

É importante ressaltar que a classificação das políticas públicas pode variar de acordo com o enfoque teórico, o contexto nacional e as necessidades específicas de cada país. Além disso, uma mesma política pública pode se encaixar em mais de um desses tipos citados. Bem como podem existir diferentes categorias e abordagens de classificação além das mencionadas aqui.

1.5 Abordagens Teóricas sobre Políticas Públicas

As políticas públicas são objetos de estudo de diversas abordagens teóricas que oferecem diferentes perspectivas e enfoques para compreender sua formulação, implementação e impacto. Nesta seção, exploraremos algumas das principais abordagens teóricas utilizadas no campo das políticas públicas, destacando suas contribuições e os autores relevantes.

Abordagem do Ciclo de Políticas Públicas

Uma das abordagens teóricas mais tradicionais é a do ciclo de políticas públicas, que descreve o processo de políticas em etapas sequenciais, como a agenda setting (definição da agenda), a formulação, a implementação e a avaliação (Sabatier, 2020; Hill & Varone, 2019). Essa abordagem enfatiza a linearidade e a racionalidade do processo, considerando que as políticas passam por estágios bem definidos.

Autores como Charles E. Lindblom e David Easton foram pioneiros nessa abordagem, enfatizando a tomada de decisão incremental e a influência de atores políticos e grupos de interesse no processo de políticas públicas (Lindblom, 1959; Easton, 1965).

Outros estudiosos, como John W. Kingdon, propuseram modelos mais complexos, que consideram a interação de diferentes fluxos de políticas e a importância de janelas de oportunidade para a adoção de políticas (Kingdon, 2014).

Abordagem do Advocacy Coalition Framework

O Advocacy Coalition Framework (ACF) é outra abordagem teórica amplamente utilizada no estudo das políticas públicas. Desenvolvida por Paul Sabatier e Hank Jenkins-Smith, essa abordagem enfoca a interação de coalizões de atores políticos com crenças, valores e interesses comuns (Sabatier & Jenkins-Smith, 1993). O ACF destaca a importância das crenças e dos sistemas de crenças na formação das políticas e explora a dinâmica de estabilidade e mudança dessas coalizões.

O ACF destaca a importância dos defensores das políticas (policy advocates) e de suas estratégias para moldar o processo de políticas públicas. Além disso, enfatiza a influência das instituições políticas e dos marcos normativos na formação e na implementação das políticas.

Autores como Christopher Weible e Karin Ingold têm contribuído para a aplicação e o desenvolvimento do ACF em diferentes contextos (Weible & Ingold, 2017; Jenkins-Smith et al., 2014).

Abordagem da Governança e das Redes de Políticas

A abordagem da governança e das redes de políticas destaca a interação de atores governamentais e não governamentais na formulação e implementação das políticas públicas. Essa abordagem reconhece a complexidade e a interdependência dos problemas sociais e enfatiza a importância da cooperação, da coordenação e da participação de múltiplos atores (Rhodes, 2019; Sørensen & Torfing, 2011).

Autores como Mark Bovens e David Levi-Faur têm explorado a governança em diferentes níveis, desde a governança local até a governança global, e analisado a forma como as redes de políticas podem influenciar o processo de políticas públicas (Bovens, 2005; Levi-Faur, 2017). Essa abordagem tem contribuído para a compreensão da dinâmica política e institucional das políticas públicas, especialmente em contextos de descentralização e de envolvimento de atores não governamentais.

Abordagem das Escolhas Racionais

A abordagem das escolhas racionais, também conhecida como teoria da escolha racional, enfoca a tomada de decisão individual e a maximização de interesses próprios na formulação e implementação das políticas públicas (Cohen et al., 2019). Essa abordagem parte do pressuposto de que os atores são racionais e buscam otimizar seus ganhos, levando em consideração as restrições e as informações disponíveis.

Destacam-se autores como Anthony Downs e James Buchanan como influentes nessa abordagem, destacando a importância do cálculo racional e dos incentivos na tomada de decisão (Downs, 1957; Buchanan & Tullock, 1999). Embora tenha sido criticada por sua simplificação da realidade política e pela suposição de atores totalmente racionais, a abordagem das escolhas racionais ainda é utilizada como uma ferramenta analítica no estudo das políticas públicas.

Abordagem Construtivista

A abordagem construtivista destaca a importância das ideias, das normas e dos discursos na formação das políticas públicas (Fischer, 2017).

Essa abordagem argumenta que as políticas não são apenas resultado de interesses e cálculos racionais, mas também são moldadas por concepções de justiça, valores e narrativas dominantes na sociedade.

Autores como Frank Fischer e John Dryzek têm explorado essa abordagem construtivista, enfatizando a influência dos discursos políticos e da deliberação pública na formulação das políticas públicas (Fischer, 2017; Dryzek, 2005). Eles argumentam que a compreensão dos significados e das narrativas subjacentes às políticas é fundamental para uma análise aprofundada dos processos políticos e das transformações sociais.

Abordagem da Advocacia Baseada em Evidências

A abordagem da Advocacia Baseada em Evidências (EBP, na sigla em inglês) destaca a importância do uso de evidências científicas na tomada de decisão em políticas públicas (Nutley et al., 2007; Oliver et al., 2014). Essa abordagem argumenta que as políticas públicas devem ser informadas por pesquisas rigorosas e pela análise sistemática de evidências empíricas.

Carol Weiss e Mark Nutley têm explorado essa abordagem, enfatizando a necessidade de uma relação mais estreita entre pesquisadores e formuladores de políticas para promover a utilização efetiva das evidências (Weiss, 1979; Nutley et al., 2007). A EBP busca superar a dicotomia entre pesquisadores e tomadores de decisão, buscando uma colaboração mais estreita para garantir a relevância e a aplicação prática das pesquisas nas políticas públicas.

Abordagem dos Discursos e Framing

A abordagem dos discursos e framing enfoca o papel da linguagem e dos discursos na construção do significado e na moldagem das políticas públicas (Schön & Rein, 1994; Hajer, 1995). Essa abordagem argumenta que os discursos políticos influenciam a percepção e a interpretação dos problemas, bem como as soluções propostas.

Nesta perspectiva, David Schön e Thomas Rein têm explorado essa abordagem, destacando a importância do framing na formulação das políticas públicas (Schön & Rein, 1994). Eles argumentam que os atores políticos utilizam estratégias de framing para moldar a opinião pública e influenciar as decisões políticas. A análise dos discursos e dos frames pode revelar as diferentes perspectivas, interesses e valores que estão subjacentes às políticas públicas.

Abordagem das Capacidades Estatais

A abordagem das capacidades estatais enfoca a importância das capacidades administrativas, institucionais e organizacionais do Estado na formulação e implementação das políticas públicas (Evans, 1995; Andrews, 2018). Essa abordagem argumenta que um Estado eficaz e com capacidades adequadas é fundamental para a implementação e o sucesso das políticas públicas.

Têm explorado essa abordagem, autores como Peter Evans e Matt Andrews, destacando a importância de investir na construção das capacidades estatais para enfrentar os desafios complexos das políticas públicas (Evans, 1995; Andrews, 2018). Eles argumentam que o desenvolvimento de capacidades é um processo contínuo que envolve a aprendizagem institucional e a adaptação às mudanças do contexto político e social.

Abordagem dos Ativadores de Políticas

A abordagem dos ativadores de políticas (policy entrepreneurs) destaca o papel dos atores individuais ou coletivos que desempenham um papel ativo na promoção e implementação de mudanças nas políticas públicas (Kingdon, 2014; Mintrom & Norman, 2009). Esses ativadores de políticas podem ser políticos, especialistas, grupos de interesse ou mesmo movimentos sociais.

Autores como John Kingdon e Michael Mintrom têm explorado essa abordagem, enfatizando a capacidade dos ativadores de políticas de identificar janelas de oportunidade, mobilizar recursos e influenciar os processos de tomada de decisão (Kingdon, 2014; Mintrom & Norman, 2009). Eles argumentam que o papel dos ativadores de políticas é crucial para a introdução e a adoção de novas políticas ou mudanças nas políticas existentes.

Abordagem Institucionalista

A abordagem institucionalista enfatiza a importância das instituições formais e informais na formulação e implementação das políticas públicas (March & Olsen, 1984; Hall & Taylor, 1996). Essa abordagem argumenta que as regras, normas e estruturas institucionais moldam os comportamentos dos atores e influenciam os resultados das políticas.

Johan Olsen, James March e Peter Hall têm explorado essa abordagem, destacando a influência das instituições na tomada de decisão, na coordenação interorganizacional e na estabilidade das políticas públicas (March & Olsen, 1984; Hall & Taylor, 1996). Eles argumentam que as instituições estabelecem os parâmetros e os incentivos para a ação política, moldando os processos e os resultados das políticas.

Abordagem Neoinstitucionalista

A abordagem neoinstitucionalista amplia a análise institucionalista ao considerar as interações entre instituições formais, informais e atores individuais na formulação e implementação das políticas públicas (Sabatier & Jenkins-Smith, 1993; DiMaggio & Powell, 1991). Essa abordagem destaca a importância das estruturas de poder, das normas sociais e das relações de interesse na política.

Neste campo, destaque para Paul Sabatier, Chris Weible e Walter Powell, os quais têm explorado essa abordagem, enfatizando a interação dinâmica entre instituições e atores, as coalizões de interesse e as redes de políticas públicas (Sabatier & Jenkins-Smith, 1993; DiMaggio & Powell, 1991). Eles argumentam que a compreensão das relações entre atores e instituições é fundamental para entender os processos de mudança e estabilidade das políticas públicas.

Abordagem Crítica

A abordagem crítica questiona as relações de poder, as desigualdades e as estruturas sociais que influenciam a formulação e a implementação das políticas públicas (Bacchi & Goodwin, 2016; Peck & Theodore, 2007). Essa abordagem busca revelar as ideologias, as assimetrias de poder e os efeitos não intencionais das políticas.

Carol Bacchi, Jamie Peck e Bob Jessop se destacaram nessa abordagem, destacando a importância da análise crítica das políticas, das estruturas sociais e das relações de poder (Bacchi & Goodwin, 2016; Peck & Theodore, 2007). Eles argumentam que as políticas públicas devem ser examinadas em termos de seus efeitos distributivos, suas implicações para a justiça social e suas relações com estruturas de dominação.

Abordagem Feminista

A abordagem feminista enfoca as relações de gênero e as desigualdades entre homens e mulheres na análise das políticas públicas (Mazur, 2002; True, 2012). Essa abordagem questiona as estruturas patriarcais e busca identificar as formas como as políticas públicas podem reproduzir ou desafiar as desigualdades de gênero.

Autoras como Anne Mazur e Jacqui True têm desenvolvido essa abordagem, destacando a importância de considerar as perspectivas feministas na análise das políticas públicas (Mazur, 2002; True, 2012). Elas argumentam que as políticas públicas devem levar em conta as experiências e necessidades das mulheres, promovendo a igualdade de gênero e a justiça social.

Abordagem Pós-Colonial

A abordagem pós-colonial analisa as políticas públicas à luz das relações de poder e das influências do colonialismo e do neocolonialismo (Mignolo, 2011; Chakrabarty, 2000). Essa abordagem busca desafiar as estruturas de dominação e destacar as vozes e perspectivas dos povos colonizados.

Podemos citar os autores. Walter Mignolo e Dipesh Chakrabarty, que têm explorado essa abordagem, enfatizando a importância de descolonizar o pensamento e as políticas públicas (Mignolo, 2011; Chakrabarty, 2000). Eles argumentam que as políticas públicas devem levar em conta as histórias, culturas e conhecimentos locais, reconhecendo a diversidade e a complexidade dos contextos pós-coloniais.

Abordagem Ecossistêmica

A abordagem ecossistêmica enfoca as interações complexas entre os sistemas sociais, econômicos e ambientais na análise das políticas públicas (Folke et al., 2005; Berkes et al., 2003). Essa abordagem argumenta que as políticas públicas devem considerar os impactos e as interdependências dos sistemas naturais e sociais.

C. S. Holling e Fikret Berkes têm explorado essa abordagem, destacando a importância de uma abordagem integrada na formulação e implementação das políticas públicas (Folke et al., 2005; Berkes et al., 2003). Eles argumentam que as políticas públicas devem promover a sustentabilidade e a resiliência dos sistemas socioecológicos, reconhecendo a interconexão e a interdependência dos componentes do ecossistema.

Capítulo 2

Ciclo de Políticas Públicas

Neste capítulo, iremos analisar de forma abrangente o processo pelo qual as políticas públicas são formuladas, implementadas, avaliadas e revisadas.

As políticas públicas são intervenções deliberadas do Estado que visam solucionar problemas sociais, econômicos ou políticos e alcançar objetivos de interesse público. Para entender como essas políticas são desenvolvidas e implementadas, é essencial compreender o ciclo de políticas públicas, que é uma estrutura conceitual que descreve as etapas que as políticas percorrem desde a sua concepção até a sua avaliação.

Apresentaremos uma visão geral do ciclo de políticas públicas, destacando suas principais etapas e processos. Iremos discutir a importância de uma abordagem sistêmica e iterativa, na qual as fases do ciclo são interconectadas e sujeitas a revisões contínuas com base em novas informações e aprendizado.

Em seguida, abordaremos cada uma das etapas do ciclo de políticas públicas em detalhes. Começaremos com a etapa de agenda *setting*, na qual os problemas públicos são identificados e colocados na agenda política. Discutiremos os mecanismos que influenciam a definição de prioridades e a seleção de problemas a serem abordados.

Em seguida, exploraremos a etapa de formulação de políticas, na qual as soluções são desenvolvidas e as estratégias são delineadas. Analisaremos os diferentes atores envolvidos nesse processo, como governos, organizações da sociedade civil, setor privado e grupos de interesse, e como eles contribuem para a formação das políticas.

Posteriormente, passaremos para a etapa de implementação, na qual as políticas são traduzidas em ações práticas. Discutiremos os desafios e as complexidades envolvidos na implementação, como coordenação interinstitucional, alocação de recursos, monitoramento e gestão de riscos.

Em seguida, trataremos da etapa de avaliação de políticas, na qual as políticas são analisadas em relação aos seus objetivos, eficácia e impacto. Abordaremos as diferentes abordagens e métodos de avaliação, bem como a importância da retroalimentação e do aprendizado organizacional para aprimorar as políticas existentes e informar futuras decisões.

Por fim, discutiremos a etapa de revisão de políticas, na qual as políticas são revisadas e ajustadas com base nos resultados da avaliação. Analisaremos os processos de tomada de decisão, a influência política e os fatores contextuais que moldam a revisão das políticas.

Compreender o ciclo de políticas é fundamental para uma análise crítica e informada das políticas públicas, permitindo uma melhor compreensão dos desafios, das oportunidades e do impacto das intervenções governamentais.

Esperamos que este capítulo seja um recurso valioso para estudantes, pesquisadores e profissionais interessados no campo das políticas públicas. Através da exploração do ciclo de políticas públicas, estamos confiantes de que você desenvolverá uma base sólida de conhecimento teórico e prático para entender e analisar as políticas públicas em diversas áreas.

2.1 Formulação de Políticas Públicas

No âmbito do ciclo de políticas públicas, a formulação de políticas é uma etapa crucial que envolve a concepção e o desenvolvimento de soluções para os problemas identificados.

Neste tópico, iremos aprofundar a análise da formulação de políticas públicas, explorando as abordagens teóricas, os atores envolvidos e os processos de tomada de decisão.

A formulação de políticas públicas é um processo complexo que pode ser analisado a partir de diferentes abordagens teóricas. Dentre as abordagens mais relevantes, destacam-se:

Abordagem Racional-Compreensiva: Esta abordagem enfatiza a análise de custo-benefício, a maximização dos resultados e a busca pela eficiência na formulação de políticas. Autores como Charles Lindblom e Herbert Simon contribuíram para o desenvolvimento dessa abordagem, enfatizando a importância da análise racional na tomada de decisão (Dunn, 2017).

Abordagem Incrementalista: A abordagem incrementalista argumenta que a formulação de políticas ocorre de maneira gradual, por meio de pequenos ajustes e mudanças incrementais em políticas existentes. Autores como Aaron Wildavsky e Charles Lindblom têm enfatizado a importância da política incremental para lidar com a complexidade e a incerteza inerentes ao processo de formulação de políticas (Lindblom, 1959).

Abordagem Advocacy Coalition Framework: Essa abordagem destaca a importância das coalizões de atores e suas crenças compartilhadas na formulação de políticas. Autores como Paul Sabatier e Hank Jenkins-Smith desenvolveram essa abordagem, argumentando que as políticas públicas são influenciadas por coalizões de atores que trabalham em conjunto para promover suas agendas e objetivos (Sabatier, 2020).

Abordagem Construtivista: A abordagem construtivista argumenta que a formulação de políticas é um processo socialmente construído, influenciado pelas normas, valores e discursos presentes em determinado contexto. Autores como Frank Fischer e John Forester têm explorado essa abordagem, destacando a importância da interação social e da construção coletiva de significados na formulação de políticas (Fischer & Forester, 1993).

Abordagem Pós-estruturalista: A abordagem pós-estruturalista questiona as relações de poder e a produção do conhecimento na formulação de políticas. Autores como Carol

Bacchi e Susan Goodwin têm explorado essa abordagem, argumentando que as políticas públicas são influenciadas por discursos hegemônicos e por relações de poder assimétricas (Bacchi & Goodwin, 2016).

2.2 Atores e processos na formulação de políticas públicas

A formulação de políticas públicas envolve a participação de diversos atores, tanto governamentais quanto não governamentais, que desempenham papéis importantes no processo de tomada de decisão. Alguns dos principais atores incluem:

Governos: Os governos desempenham um papel central na formulação de políticas públicas, sendo responsáveis por estabelecer as agendas políticas, liderar o processo de formulação e tomar decisões finais.

Grupos de interesse: Os grupos de interesse, como ONGs, sindicatos e associações profissionais, desempenham um papel importante na formulação de políticas públicas, defendendo os interesses de seus membros e influenciando o processo de tomada de decisão (Stone, 2012).

Especialistas e pesquisadores: Os especialistas e pesquisadores têm um papel significativo na formulação de políticas, fornecendo conhecimento técnico, avaliações de impacto e orientações baseadas em evidências.

Mídia: A mídia desempenha um papel importante na formulação de políticas, ao moldar a opinião pública, destacar problemas e pressionar por mudanças.

Organizações internacionais: Organizações internacionais, como a ONU, o Banco Mundial e a União Europeia, também têm influência na formulação de políticas públicas, especialmente em questões globais e transnacionais.

No que diz respeito aos processos de tomada de decisão, a formulação de políticas pode envolver várias etapas, como:

Identificação do problema: Nesta etapa, os problemas são identificados e colocados na agenda política por meio de mecanismos como pesquisas, levantamentos e pressão pública.

Análise de políticas: A análise de políticas envolve a coleta de informações, a avaliação de diferentes alternativas e a análise de custo-benefício para identificar as melhores opções de políticas.

Tomada de decisão: A tomada de decisão envolve a seleção de uma política específica e a alocação de recursos para sua implementação.

Negociação e compromisso: A negociação e o compromisso são elementos-chave na formulação de políticas, pois diferentes atores e interesses muitas vezes entram em conflito e precisam chegar a um consenso.

Comunicação e legitimação: A comunicação efetiva e a legitimação das políticas são essenciais para obter apoio público e garantir a implementação bem-sucedida.

Além das abordagens mencionadas anteriormente, existem outras perspectivas teóricas que abordam a formulação de políticas públicas, como por exemplo:

Abordagem da Teoria da Escolha Racional: Essa abordagem enfatiza a maximização dos interesses individuais e a tomada de decisões racionais dos atores envolvidos na formulação de políticas. Se baseia na idéia de que os indivíduos buscam maximizar seus próprios benefícios e fazem escolhas racionais com base em informações disponíveis.

Abordagem da Governança em Rede: Essa abordagem destaca a importância das interações entre atores governamentais e não governamentais na formulação de políticas. A governança em rede envolve a colaboração e a cooperação entre diferentes partes interessadas para enfrentar problemas complexos. Autores como Stephen Goldsmith e Christopher Ansell têm explorado essa abordagem, ressaltando a importância da participação e da coordenação entre os atores no processo de formulação de políticas (Goldsmith & Eggers, 2004).

Abordagem do Construtivismo Social: Essa abordagem enfatiza a importância das construções sociais e das interações simbólicas na formulação de políticas públicas. Autores como Vivien Schmidt e John Peterson têm explorado essa perspectiva, argumentando que as políticas são socialmente construídas por meio de discursos, narrativas e práticas que moldam a percepção dos atores e influenciam suas escolhas políticas (Schmidt, 2008).

Abordagem do Feminismo e Gênero: Essa abordagem destaca a importância de considerar as relações de gênero e a perspectiva feminista na formulação de políticas públicas. O enfoque feminista busca analisar como as desigualdades de gênero são reproduzidas ou desafiadas nas políticas públicas e como as políticas podem promover a igualdade de gênero, ressaltando a necessidade de uma análise crítica das políticas sob a ótica de gênero.

Abordagem da Complexidade: Essa abordagem reconhece a natureza complexa e não linear da formulação de políticas públicas. Autores como Keith Grint e Paul Cairney têm explorado essa perspectiva, argumentando que os problemas políticos são caracterizados por incertezas, múltiplas causas e soluções não lineares, o que exige abordagens adaptativas e flexíveis na formulação de políticas (Grint & Woolgar, 1997).

Essas são apenas algumas das abordagens adicionais que têm sido discutidas no campo das políticas públicas. Cada uma delas oferece uma perspectiva única e complementar para entender a formulação de políticas públicas, fornecendo insights importantes para o estudo e a prática nessa área.

Existem algumas abordagens menos convencionais que também oferecem perspectivas interessantes sobre a formulação de políticas públicas. Embora possam ser consideradas menos hegemônica, ou menos difundidas, essas abordagens podem fornecer insights valiosos para a compreensão desse processo complexo. Aqui estão algumas delas:

Abordagem da Ecologia Política: Essa abordagem examina as interações entre sistemas políticos e sistemas ecológicos, buscando entender como as políticas públicas afetam e são afetadas pela natureza e pelo meio ambiente. Autores como Tim Forsyth e Paul Robbins têm explorado essa perspectiva, destacando a importância de considerar as dimensões ambientais na formulação de políticas públicas (Forsyth, 2003; Robbins, 2012).

Abordagem da Economia Comportamental: Essa abordagem se baseia na teoria econômica, mas considera os aspectos psicológicos e comportamentais dos indivíduos na tomada de decisões. Autores como Richard Thaler e Cass Sunstein têm explorado como os vieses cognitivos e as limitações humanas podem influenciar a formulação de políticas públicas e proposto estratégias para melhorar as escolhas dos indivíduos

(Thaler, 2015; Sunstein, 2017)).

Abordagem da Hermenêutica: Essa abordagem enfatiza a interpretação e compreensão dos significados subjacentes às políticas públicas. Autores como Paul Ricoeur e Hans-Georg Gadamer têm contribuído para essa perspectiva, argumentando que as políticas devem ser entendidas dentro de um contexto cultural, histórico e linguístico mais amplo (Ricoeur, 1976; Gadamer, 2004)).

Abordagem da Teoria Crítica: Essa abordagem parte de uma perspectiva crítica e questiona as relações de poder e dominação presentes nas políticas públicas. Autores como Theodor Adorno e Michel Foucault têm influenciado essa perspectiva, analisando como as políticas podem perpetuar desigualdades e opressões sociais (Adorno, 2005; Foucault, 1991).

Abordagem da Neurociência Cognitiva: Essa abordagem explora como os processos cognitivos e neurais influenciam a tomada de decisões políticas. Autores como Antonio Damasio e Joshua Greene têm investigado como as emoções, a intuição e a razão desempenham papéis na formulação de políticas públicas (Damasio, 2010; Greene, 2014).

2.3 Implementação das políticas públicas

No contexto do ciclo de políticas públicas, a implementação é uma etapa crucial que envolve a tradução das decisões políticas em ações concretas. Neste tópico, iremos aprofundar a análise sobre a implementação das políticas públicas, explorando os desafios, as abordagens teóricas e as práticas relacionadas a essa fase do ciclo.

Compreender os processos e as dinâmicas envolvidas na implementação é fundamental para garantir o alcance dos objetivos pretendidos pelas políticas públicas. Nesta seção, iremos explorar os principais aspectos desse tema, apresentando perspectivas teóricas e evidências empíricas relevantes.

2.3.1 Desafios da Implementação

A implementação de políticas públicas muitas vezes enfrenta desafios complexos, envolvendo questões burocráticas, limitações de recursos, resistência de atores envolvidos e falta de coordenação efetiva. Diversos autores têm se dedicado ao estudo desses desafios e proposto estratégias para superá-los.

Um dos principais desafios diz respeito à capacidade estatal. Autores como Michael Lipsky e Peter Evans argumentam que a implementação efetiva depende da capacidade do Estado em mobilizar recursos, coordenar ações e gerenciar os atores envolvidos. A falta de capacidade institucional pode resultar em falhas na implementação e comprometer o alcance dos objetivos das políticas (Lipsky, 2010).

Outro desafio é a resistência e a diversidade de interesses dos atores envolvidos. Autores como Peter Hall e B. Guy Peters destacam a importância de considerar as dinâmicas políticas e os conflitos de interesse que podem surgir durante a implementação. A negociação, o diálogo e a construção de coalizões são estratégias frequentemente utilizadas para lidar com essa diversidade de interesses e buscar o consenso necessário para avançar com a implementação (Hall, 1993).

2.3.2 Abordagens teóricas da Implementação

Diversas abordagens teóricas têm sido desenvolvidas para compreender a implementação de políticas públicas. Vamos analisar algumas delas:

Abordagem Top-down: Essa abordagem enfatiza a importância da liderança centralizada na implementação das políticas. Autores como Jeffrey Pressman e Aaron Wildavsky argumentam que a implementação efetiva requer uma direção clara e uma estrutura hierárquica bem definida. Nessa perspectiva, a autoridade e o controle centralizados são considerados elementos-chave para garantir a eficiência e a consistência na implementação (Pressman & Wildavsky, 1973).

Abordagem Bottom-up: Em contraste com a abordagem top-down, essa perspectiva valoriza a participação e a iniciativa dos atores locais na implementação. Autores como John Friedmann e Frances Fox Piven destacam a importância de envolver os beneficiários e as comunidades locais no processo de implementação, permitindo uma adaptação mais adequada às necessidades e realidades locais (Friedmann, 2017; Piven, 2015).

Abordagem de Gestão de Redes: Essa abordagem reconhece a complexidade da implementação de políticas e a necessidade de coordenação entre atores governamentais e não governamentais. Autores como Stephen Goldsmith e Christopher Ansell propõem a gestão em rede como uma estratégia eficaz para superar os desafios da implementação, enfatizando a importância da colaboração, da confiança e da governança compartilhada (Goldsmith & Eggers, 2004).

Abordagem de Aprendizagem Organizacional: Essa perspectiva destaca a importância do aprendizado e da adaptação durante a implementação. Autores como Peter Senge e Chris Argyris argumentam que as organizações devem ser capazes de aprender com suas experiências, identificar falhas e buscar soluções inovadoras para melhorar a implementação das políticas públicas ao longo do tempo (Senge, 1990).

Abordagem de Avaliação e Monitoramento: Essa abordagem enfatiza a importância da avaliação e do monitoramento contínuos durante a implementação das políticas. Autores como Carol Weiss e Michael Quinn Patton argumentam que a coleta de dados e o acompanhamento sistemático permitem avaliar o progresso, identificar problemas e fazer ajustes necessários para melhorar a implementação (Weiss, 2018; Patton, 2018).

Abordagem de Complexidade: Essa abordagem reconhece a natureza complexa e imprevisível da implementação das políticas públicas. Autores como Head (2015) argumentam que a implementação é um processo não linear, influenciado por múltiplos atores, contextos e fatores. Essa abordagem busca compreender e lidar com a complexidade por meio de abordagens adaptativas e flexíveis.

Além das abordagens mencionadas anteriormente, existem outras perspectivas teóricas relevantes no campo da implementação das políticas públicas. Vamos analisar algumas delas:

Abordagem de Redes de Políticas: Essa abordagem enfatiza a importância das redes de atores e instituições na implementação das políticas públicas. Autores como Rhodes (1997) argumentam que as políticas são implementadas por meio de redes complexas de interações entre atores governamentais, não governamentais e privados. Nessa abordagem, a implementação é vista como um processo colaborativo e interdependente.

Abordagem de Governança Colaborativa: Essa abordagem enfoca a colaboração entre múltiplos atores na implementação das políticas públicas. Autores como Emerson et al. (2012) argumentam que a governança colaborativa envolve a participação ativa de atores governamentais e não governamentais na tomada de decisões e na implementação das políticas. Essa abordagem busca promover a coordenação, a cooperação e a responsabilidade compartilhada entre os atores envolvidos.

Abordagem de Mudança Comportamental: Essa abordagem se concentra na influência do comportamento humano na implementação das políticas públicas. Autores como Marchiori et al. (2016) destacam a importância de compreender as motivações, as crenças e os incentivos dos atores envolvidos para promover a adesão e a efetivação das políticas. Essa abordagem busca identificar estratégias para promover a mudança de comportamento e superar possíveis resistências.

Abordagem de Avaliação Baseada em Resultados: Essa abordagem enfatiza a importância da avaliação dos resultados e do impacto das políticas públicas na implementação. Autores como Weiss (1998) argumentam que a avaliação baseada em resultados permite identificar os pontos fortes e fracos da implementação, bem como os ajustes necessários para melhorar os resultados alcançados. Essa abordagem busca promover a aprendizagem e a melhoria contínua na implementação das políticas.

Abordagem de Políticas Experimentais: Essa abordagem se concentra na realização de experimentos e na aplicação de abordagens piloto para testar e avaliar a implementação de políticas. Autores como Rutter et al. (2019) destacam a importância de abordagens adaptativas e iterativas, permitindo ajustes com base em evidências empíricas. Essa abordagem busca promover a inovação e a aprendizagem por meio de experiências controladas.

Além das abordagens mencionadas anteriormente, existem algumas perspectivas menos conhecidas ou exóticas sobre a implementação das políticas públicas. Embora possam não ser amplamente difundidas, essas abordagens oferecem insights interessantes e contribuições únicas para o campo. Aqui estão algumas delas:

Abordagem Feminista: Essa abordagem enfoca as questões de gênero e as desigualdades nas políticas públicas e na sua implementação. Autoras como Mazurana et al. (2005) argumentam que as políticas públicas devem levar em consideração as perspectivas e as necessidades das mulheres, bem como abordar a violência de gênero e a discriminação.

Essa abordagem busca promover a igualdade de gênero e a justiça social na implementação das políticas.

Abordagem Pós-Colonial: Essa abordagem enfatiza as relações de poder e a influência do colonialismo nas políticas públicas e na sua implementação. Autores como Chowdhry e Nair (2002) argumentam que as políticas públicas muitas vezes refletem estruturas e valores coloniais, perpetuando desigualdades e marginalização. Nessa perspectiva, é necessário desafiar e transformar as estruturas de poder na implementação das políticas.

Abordagem Ecossistêmica: Essa abordagem considera as interações entre os sistemas socioeconômicos e o meio ambiente na implementação das políticas públicas. Autores como Folke et al. (2005) destacam a importância de uma abordagem integrada que leve em consideração a sustentabilidade e a resiliência dos ecossistemas. Essa perspectiva busca promover políticas públicas que sejam ecologicamente sustentáveis e socialmente justas.

Abordagem Cultural: Essa abordagem enfoca as dimensões culturais e simbólicas na implementação das políticas públicas. Autores como Shore e Wright (2000) argumentam que as políticas públicas são moldadas por crenças, valores e práticas culturais, e que a implementação bem-sucedida requer uma compreensão sensível e adaptativa das especificidades culturais. Essa abordagem busca promover políticas públicas culturalmente sensíveis e contextuais.

A implementação das políticas públicas, frequentemente, enfrenta desafios diversos que podem afetar seu sucesso e impacto. Alguns dos desafios comuns incluem:

Capacidade Institucional: A implementação efetiva requer uma capacidade institucional adequada para executar as políticas de forma eficiente e eficaz. Isso envolve ter recursos suficientes, uma estrutura organizacional clara, pessoal qualificado e mecanismos de coordenação adequados. Autores como Ostrom (2010) destacam a importância de organizações flexíveis e adaptativas para superar os desafios de implementação.

Coordenação Interorganizacional: A implementação de políticas públicas muitas vezes envolve várias organizações e atores interdependentes. A falta de coordenação efetiva entre esses atores pode levar a lacunas, conflitos e ações desalinhadas. Diferentes autores como Ansell e Gash (2018) argumentam que a coordenação interorganizacional eficaz requer confiança mútua, comunicação clara e compartilhamento de informações.

Resistência e Conflito: Durante a implementação, podem surgir resistência e conflitos por parte dos grupos afetados pelas políticas. Isso pode ocorrer devido a interesses divergentes, falta de compreensão ou percepção de injustiça. Autores como Bardach (2019) ressaltam a importância de envolver os atores relevantes desde o início do processo de implementação para minimizar a resistência e buscar soluções colaborativas.

Gestão de Recursos: A implementação de políticas públicas requer recursos financeiros, humanos e materiais adequados. A falta de recursos suficientes ou sua má gestão pode comprometer a efetividade da implementação. Autores como Hupe e Hill (2007) destacam a importância de uma gestão eficiente dos recursos, considerando aspectos como planejamento, orçamentação e alocação adequada de recursos.

Monitoramento e Avaliação: A falta de um sistema robusto de monitoramento e avaliação pode dificultar a avaliação do progresso e dos resultados da implementação. Autores como

Dunn (2017) ressaltam a importância de estabelecer indicadores claros, coletar dados relevantes e realizar avaliações periódicas para identificar problemas e fazer ajustes necessários.

2.3 Avaliação de políticas públicas

A avaliação de políticas públicas busca analisar e julgar a eficácia, eficiência, impacto e adequação das políticas implementadas, com o objetivo de fornecer informações para a tomada de decisões e melhorar a qualidade das políticas públicas. Nesta seção, iremos explorar as principais abordagens, métodos e desafios relacionados à avaliação de políticas públicas.

2.3.1 Abordagens de Avaliação de Políticas Públicas

Existem diversas abordagens utilizadas na avaliação de políticas públicas, cada uma com suas características e enfoques específicos. A seguir, apresentaremos algumas das principais abordagens utilizadas na avaliação de políticas públicas:

Abordagem Utilitarista: A abordagem utilitarista se baseia na análise dos custos e benefícios das políticas públicas, buscando maximizar o bem-estar social. Autores como Bentham (1789) e Mill (1863) são referências nessa abordagem, que utiliza técnicas de análise econômica para quantificar os impactos das políticas e comparar diferentes alternativas.

A abordagem utilitarista na avaliação de políticas públicas baseia-se na ideia de que a principal preocupação deve ser a maximização do bem-estar social. Essa abordagem considera que as políticas públicas devem ser avaliadas com base em seus resultados e impactos sobre o maior número possível de pessoas.

Os autores Jeremy Bentham e John Stuart Mill são considerados referências fundamentais nessa abordagem. Bentham, em sua obra "An Introduction to the Principles of Morals and Legislation" (1789), desenvolveu a teoria do utilitarismo, que postula que as ações devem ser avaliadas com base em sua utilidade em promover o maior bem-estar para o maior número de pessoas. Mill, por sua vez, expandiu essa teoria em seu livro "Utilitarianism" (1863), defendendo a importância de considerar a qualidade e a intensidade do prazer como critérios para avaliar a utilidade de uma política.

Na abordagem utilitarista, a avaliação de políticas públicas é conduzida com o objetivo de quantificar os custos e benefícios dessas políticas, de forma a determinar sua eficiência em termos de maximização do bem-estar social. Nesse sentido, a análise econômica desempenha um papel central, permitindo a quantificação monetária dos impactos e a comparação de diferentes alternativas.

As técnicas de análise econômica utilizadas na abordagem utilitarista incluem a análise de custo-benefício, a análise de custo-efetividade e a análise de impacto econômico. A análise de custo-benefício busca comparar os benefícios esperados de uma política pública com os custos necessários para sua implementação, visando identificar se os benefícios superam os custos. Já a análise de custo-efetividade busca determinar a política mais eficiente em termos de custos para alcançar determinados objetivos. Por sua vez, a análise de impacto econômico busca medir os efeitos da política sobre variáveis econômicas, como o crescimento econômico, a distribuição de renda e o emprego.

A abordagem utilitarista tem suas críticas, especialmente em relação à quantificação monetária dos impactos e à consideração de outros valores e dimensões não diretamente mensuráveis pela análise econômica.

No entanto, a abordagem utilitarista continua sendo uma ferramenta importante na avaliação de políticas públicas, fornecendo uma perspectiva de eficiência e maximização do bem-estar social.

Abordagem Participativa: A abordagem participativa envolve a participação ativa dos diversos atores envolvidos na implementação das políticas públicas, como os beneficiários, a sociedade civil e os especialistas. Autores como Fung e Wright (2003) destacam a importância da participação no processo de avaliação, permitindo a inclusão de múltiplas perspectivas e a consideração de valores e interesses diversos.

A abordagem participativa na avaliação de políticas públicas destaca a importância da participação ativa e inclusiva dos diversos atores envolvidos no processo de implementação das políticas. Essa abordagem reconhece que as políticas públicas afetam diretamente a vida das pessoas e, portanto, é essencial que essas pessoas tenham voz e possam contribuir para a tomada de decisões.

A abordagem participativa busca superar a tradicional abordagem top-down, em que as políticas são formuladas e implementadas de cima para baixo, com pouca ou nenhuma participação dos beneficiários e da sociedade civil.

Em contrapartida, a abordagem participativa valoriza a inclusão, a diversidade de perspectivas e o diálogo entre os diferentes atores envolvidos.

Essa abordagem reconhece que os beneficiários das políticas públicas possuem conhecimento e experiências únicas sobre as realidades locais e as necessidades específicas da comunidade. A inclusão desses beneficiários no processo de avaliação das políticas permite uma compreensão mais completa e precisa dos impactos dessas políticas em suas vidas e a identificação de possíveis melhorias.

Além dos beneficiários, a abordagem participativa também inclui a participação da sociedade civil, organizações não governamentais e especialistas relevantes na área em questão. Esses atores podem fornecer insights, conhecimentos técnicos e alternativas de políticas que enriquecem o processo de avaliação e contribuem para a tomada de decisões mais informadas (Alston & Steiner, 2000).

A abordagem participativa utiliza uma variedade de métodos e técnicas para envolver os diferentes atores. Isso pode incluir consultas públicas, fóruns de discussão, grupos de trabalho, entrevistas, pesquisas e outras formas de diálogo e engajamento. Essas abordagens visam promover a transparência, a responsabilidade e a legitimidade das políticas públicas, bem como fortalecer a confiança e a colaboração entre os atores envolvidos.

Ao considerar a diversidade de perspectivas e interesses, a abordagem participativa reconhece que nem sempre haverá consenso absoluto. No entanto, o objetivo é buscar o entendimento mútuo, a busca de soluções compartilhadas e a construção de políticas mais adequadas e legitimadas pela participação ampla e inclusiva dos envolvidos.

Abordagem Baseada em Direitos: A abordagem baseada em direitos enfatiza a análise das políticas públicas à luz dos direitos humanos e das obrigações do Estado. Autores como Sen (2004) argumentam que a avaliação de políticas deve considerar a promoção da liberdade, da igualdade e do bem-estar humano como critérios fundamentais.

A abordagem baseada em direitos é uma perspectiva na avaliação de políticas públicas que enfatiza a análise dessas políticas à luz dos direitos humanos e das obrigações do Estado. Essa abordagem reconhece que os direitos humanos são universais, inalienáveis e interdependentes, e que o Estado tem a responsabilidade de garantir o respeito, a proteção e a promoção desses direitos em todas as suas políticas e práticas.

Na abordagem baseada em direitos, as políticas públicas são analisadas não apenas em termos de eficiência, eficácia ou equidade, mas também em relação à sua conformidade com os padrões internacionais de direitos humanos e sua capacidade de promover a dignidade humana, a igualdade, a justiça social e a não discriminação (Alston, 2005).

Essa abordagem destaca que as políticas públicas devem ser orientadas pelos princípios fundamentais dos direitos humanos, como a igualdade de gênero, a não discriminação, a participação democrática, a transparência, a prestação de contas e o acesso à justiça. Ela enfatiza a importância de envolver os grupos mais marginalizados e vulneráveis da sociedade, incluindo mulheres, crianças, pessoas com deficiência, minorias étnicas e outros grupos em situação de desvantagem, na formulação, implementação e avaliação das políticas públicas.

A abordagem baseada em direitos também destaca a importância da capacidade de reivindicação dos direitos por parte dos cidadãos. Isso implica garantir o acesso à informação, à educação sobre direitos, ao empoderamento dos cidadãos e à criação de mecanismos eficazes de participação e de responsabilização do Estado (Donnelly, 2013).

Ao adotar a abordagem baseada em direitos, os formuladores de políticas devem considerar a coerência das políticas públicas com os instrumentos internacionais de direitos humanos ratificados pelo Estado, como tratados e convenções. Esses instrumentos fornecem os padrões e os princípios pelos quais as políticas públicas devem ser avaliadas (United Nations, 2009).

Na abordagem baseada em direitos há um destaque na importância do monitoramento e da avaliação contínuos das políticas públicas para garantir que elas estejam promovendo efetivamente os direitos humanos e para identificar possíveis lacunas ou violações desses direitos. Esse monitoramento deve ser realizado tanto pelo Estado quanto pela sociedade civil, com a participação ativa dos grupos afetados pelas políticas.

Abordagem de Análise de Políticas: A abordagem de análise de políticas busca compreender os processos de formulação e implementação das políticas, avaliando como as escolhas políticas são feitas e quais os interesses e ideias que influenciam essas escolhas. Autores como Fischer (2017) destacam a importância da análise dos contextos políticos e institucionais na avaliação de políticas públicas.

A abordagem de análise de políticas é uma perspectiva teórica que busca compreender os processos de formulação e implementação das políticas públicas. Essa abordagem se concentra em analisar como as escolhas políticas são feitas, quais os interesses e ideias que influenciam essas escolhas, e como essas políticas são implementadas e seus impactos avaliados.

Essa abordagem reconhece que a formulação e implementação de políticas públicas são processos complexos e dinâmicos, influenciados por diversos fatores, como o contexto político, social, econômico e institucional, bem como os atores envolvidos e suas interações (Lindblom, 1959).

Na abordagem de análise de políticas, são utilizados diferentes conceitos e ferramentas analíticas para compreender e explicar esses processos. Alguns dos principais conceitos e abordagens utilizados na análise de políticas incluem:

Análise de agenda: A análise de agenda busca entender como certos problemas ou questões se tornam prioritários na agenda política, enquanto outros são deixados de lado. Isso envolve estudar os atores e grupos de interesse envolvidos, suas estratégias de influência e o papel das instituições políticas na definição da agenda (Sabatier, 2020).

Análise de atores: A análise de atores examina os diferentes atores envolvidos na formulação e implementação de políticas públicas, como governos, organizações da sociedade civil, empresas, especialistas, grupos de interesse e cidadãos. Isso inclui entender seus interesses, poder, recursos e capacidades de influência, bem como as coalizões e alianças que são formadas (Lowi, 1972).

Análise de políticas: A análise de políticas investiga os conteúdos das políticas, incluindo seus objetivos, instrumentos, incentivos e restrições. Isso envolve examinar as opções disponíveis, as trade-offs envolvidas na escolha de uma política em detrimento de outras, e as implicações políticas, econômicas e sociais dessas escolhas.

Análise de implementação: A análise de implementação se concentra em estudar como as políticas públicas são traduzidas em ações e resultados concretos. Isso inclui examinar os mecanismos de implementação, os desafios e obstáculos encontrados, e os efeitos produzidos nas diferentes áreas de intervenção (Hall, 1993).

Avaliação de políticas: A avaliação de políticas é uma ferramenta fundamental na análise de políticas, pois busca analisar os resultados e impactos das políticas públicas, identificar seus pontos fortes e fracos, e fornecer subsídios para melhorias e tomada de decisões informadas (Stone, 2002).

Abordagem Multicritério: A abordagem multicritério envolve a consideração de múltiplos critérios na avaliação de políticas, como eficiência, equidade, sustentabilidade e participação. Autores como Belton e Stewart (2002) propõem métodos de análise multicritério que permitem a ponderação e a comparação dos diferentes critérios, possibilitando uma avaliação mais abrangente.

A abordagem multicritério é uma perspectiva teórica que busca incorporar múltiplos critérios na avaliação de políticas públicas. Ela reconhece que as políticas públicas não podem ser avaliadas apenas com base em um único critério, como a eficiência econômica, mas devem considerar uma gama mais ampla de critérios que reflitam as necessidades e valores da sociedade (Finger & Baccini, 2010).

Nessa abordagem, são identificados e selecionados diferentes critérios relevantes para a avaliação das políticas. Esses critérios podem variar dependendo do contexto e do objetivo da avaliação, mas comumente incluem aspectos como eficiência, equidade, sustentabilidade, participação e viabilidade política (Greco, Ehrgott & Figueira, 2016).

A eficiência refere-se à capacidade da política de alcançar seus objetivos de forma eficaz, utilizando os recursos disponíveis de maneira ótima. A equidade considera se a política promove a justiça distributiva, ou seja, se ela beneficia de forma justa diferentes grupos e indivíduos da sociedade. A sustentabilidade avalia se a política é ambientalmente sustentável e se leva em consideração as necessidades das gerações futuras. A participação refere-se ao envolvimento dos cidadãos e das partes interessadas no processo de formulação e implementação da política. E a viabilidade política diz respeito à capacidade da política de ser implementada e sustentada no contexto político e institucional.

A abordagem multicritério utiliza métodos e técnicas específicas para a avaliação de políticas, como a análise multicritério (AMC) e a tomada de decisão multicritério (TDM). Essas abordagens fornecem estruturas analíticas para comparar e ponderar os diferentes critérios, permitindo que os tomadores de decisão considerem as várias dimensões e trade-offs envolvidos na escolha de uma política (Henggeler Antunes & Santos, 2018).

Todas essas abordagens representam diferentes perspectivas e enfoques na avaliação de políticas públicas, cada uma com suas vantagens e limitações. É importante destacar que essas abordagens podem ser utilizadas de forma complementar, adaptadas conforme a natureza da política em avaliação e os objetivos da avaliação.

2.3.2 Métodos e Instrumentos de Avaliação

Além das abordagens teóricas, a avaliação de políticas públicas também se utiliza de métodos e instrumentos específicos para coletar e analisar dados, mensurar impactos e realizar análises qualitativas e quantitativas. Dentre os métodos mais comumente utilizados, podemos citar:

Avaliação de Impacto: A avaliação de impacto busca mensurar os efeitos das políticas públicas sobre os indivíduos, comunidades ou o ambiente. Utiliza-se de técnicas como experimentos controlados, estudos comparativos e análise estatística para identificar os efeitos causais das políticas (Duflo & Banerjee, 2011).

A avaliação de impacto é uma abordagem que visa mensura os efeitos das políticas públicas sobre os indivíduos, comunidades ou o ambiente. Ela busca responder à pergunta fundamental: qual é o impacto real das políticas implementadas?

Essa abordagem baseia-se em métodos e técnicas específicas para identificar os efeitos causais das políticas, ou seja, determinar se os resultados observados são realmente atribuíveis à política em questão e não a outros fatores externos (Deaton, 2010).

Uma das técnicas mais utilizadas na avaliação de impacto é o experimento controlado, também conhecido como ensaio clínico randomizado. Nesse método, um grupo de indivíduos ou comunidades é selecionado aleatoriamente para receber a política ou intervenção em estudo (grupo de tratamento), enquanto outro grupo similar é selecionado para não receber a política ou receber uma intervenção alternativa (grupo de controle). Dessa forma, é possível comparar os resultados entre os dois grupos e identificar os efeitos causais da política (J-PAL, 2020).

Além dos experimentos controlados, a avaliação de impacto também faz uso de outras técnicas, como estudos comparativos e análise estatística. Os estudos comparativos comparam grupos de indivíduos ou comunidades que foram expostos à política com outros grupos similares que não foram expostos, utilizando técnicas de pareamento ou modelagem estatística para controlar variáveis de confusão. A análise estatística é utilizada para quantificar os efeitos da política e testar sua significância estatística (Ravallion, 2015).

A avaliação de impacto permite uma análise mais rigorosa e objetiva dos efeitos das políticas, fornecendo evidências sobre sua eficácia e eficiência. Ela contribui para o aprimoramento das políticas públicas, permitindo que os formuladores de políticas tomem decisões informadas e baseadas em evidências.

Avaliação de Processo: A avaliação de processo analisa o desenvolvimento e a implementação das políticas públicas, identificando os obstáculos e facilitadores encontrados, os procedimentos adotados e a participação dos atores envolvidos. Utiliza-se de entrevistas, observações e análise documental para obter informações sobre o processo de implementação.

A avaliação de processo é uma abordagem que se concentra no estudo do desenvolvimento e implementação das políticas públicas. Ela busca compreender e analisar os diferentes aspectos do processo de implementação, identificando os obstáculos e facilitadores encontrados, os procedimentos adotados e a participação dos atores envolvidos (Peters, 2015).

Essa abordagem se preocupa em entender como as políticas públicas são elaboradas, implementadas e executadas ao longo do tempo, levando em consideração os contextos políticos, econômicos, sociais e culturais em que ocorrem. Ela busca responder a perguntas como: Quais foram os principais passos e etapas do processo de implementação? Quais foram os atores e instituições envolvidos? Quais foram os desafios encontrados e como foram enfrentados? Quais foram os resultados alcançados em termos de implementação efetiva da política?

A avaliação de processo utiliza uma variedade de métodos e técnicas para coletar dados e informações relevantes. Entre as principais estão:

Entrevistas: São realizadas entrevistas com os principais atores envolvidos na implementação da política, como gestores públicos, representantes da sociedade civil, especialistas e beneficiários. Essas entrevistas visam obter percepções, opiniões e experiências dos atores sobre o processo de implementação (Patton, 2018).

Observações: Os avaliadores podem realizar observações diretas das atividades e práticas relacionadas à implementação da política. Isso pode incluir visitas a locais onde a política está sendo implementada, participação em reuniões e eventos relevantes, entre outros (Van Thiel & Leeuw, 2002).

Análise documental: É realizada uma análise detalhada de documentos relacionados à política em estudo, como relatórios, registros, atas de reuniões, legislação, entre outros. Essa análise permite compreender os procedimentos formais, as diretrizes e normas estabelecidas para a implementação da política (Yin, 2018).

A avaliação de processo fornece insights valiosos sobre os desafios e sucessos encontrados durante a implementação das políticas públicas, permitindo uma compreensão mais aprofundada dos fatores que influenciam o resultado final. Ela contribui para a identificação de boas práticas, lições aprendidas e recomendações para o aprimoramento do processo de implementação.

Avaliação de Resultados: A avaliação de resultados analisa os resultados alcançados pelas políticas públicas, comparando-os com os objetivos estabelecidos. Pode incluir a análise de indicadores e metas, estudos de caso e análise de dados quantitativos e qualitativos (Hoffmann, 2013).

A avaliação de resultados é uma abordagem que visa analisar os resultados alcançados pelas políticas públicas, comparando-os com os objetivos estabelecidos previamente. Essa avaliação tem como foco principal identificar se as políticas foram eficazes na produção de resultados desejados e se contribuíram para o alcance de metas e objetivos específicos (Patton, 2018).

Essa abordagem envolve a análise de indicadores e metas estabelecidos para a política em questão. Esses indicadores podem ser quantitativos, como taxas de redução da pobreza, índices de desemprego, números de alunos matriculados, entre outros; ou qualitativos, como satisfação dos beneficiários, qualidade dos serviços prestados, entre outros (Souza, 2010).

A avaliação de resultados pode utilizar diferentes métodos e técnicas, como estudos de caso, análise de dados quantitativos e qualitativos, pesquisa de opinião, entre outros.

Essas abordagens permitem uma compreensão mais ampla dos impactos e resultados das políticas, levando em consideração as diferentes dimensões e perspectivas envolvidas (Chen, 2015).

No contexto brasileiro, há vários autores que têm contribuído para o desenvolvimento da avaliação de resultados em políticas públicas. Alguns exemplos incluem:

Avaliação de Sustentabilidade: A avaliação de sustentabilidade avalia a capacidade das políticas públicas de gerar resultados sustentáveis a longo prazo, levando em consideração aspectos econômicos, sociais e ambientais. Utiliza-se de ferramentas como análise de ciclo de vida, análise de custo-benefício e análise de risco.

A avaliação de sustentabilidade é uma abordagem que visa analisar a capacidade das políticas públicas de promover resultados sustentáveis a longo prazo, considerando aspectos econômicos, sociais e ambientais. Essa abordagem reconhece a importância de equilibrar o desenvolvimento socioeconômico com a conservação dos recursos naturais e a promoção da justiça social (Leal Filho et al., 2019).

Na avaliação de sustentabilidade, são considerados os princípios do desenvolvimento sustentável, que envolvem a interdependência entre as dimensões econômica, social e ambiental. A análise busca identificar se as políticas públicas são capazes de promover benefícios econômicos sem comprometer a qualidade de vida das gerações futuras e sem causar danos irreversíveis ao meio ambiente (Barbieri & Cajazeira, 2009).

Para realizar a avaliação de sustentabilidade, são utilizadas diversas ferramentas e métodos, como a análise de ciclo de vida, que avalia os impactos ambientais de um produto, serviço ou processo ao longo de sua vida útil; a análise de custo-benefício, que compara os custos e benefícios de uma política pública, incluindo também os aspectos ambientais e sociais; e a análise de risco, que avalia os riscos associados à implementação de determinadas políticas e suas consequências para o desenvolvimento sustentável (Sachs, 2019).

Avaliação Participativa: A avaliação participativa envolve a participação dos diversos atores afetados pelas políticas públicas no processo de avaliação. Utiliza-se de métodos como grupos focais, entrevistas participativas e workshops para coletar informações e envolver os atores-chave na análise.

A avaliação participativa é uma abordagem que busca

engajar os diversos atores afetados pelas políticas públicas no processo de avaliação. Ela reconhece a importância de incluir as vozes e perspectivas dos beneficiários, da sociedade civil, das comunidades locais e de outros atores relevantes no processo de avaliação, a fim de promover uma análise mais abrangente e democrática (Fetterman, 2019).

Essa abordagem valoriza a participação ativa dos indivíduos e grupos afetados pelas políticas públicas, permitindo que eles expressem suas opiniões, experiências e necessidades. Dessa forma, a avaliação participativa busca promover a transparência, a responsabilidade e a melhoria das políticas públicas, ao mesmo tempo em que fortalece o empoderamento das comunidades e a coletividade na tomada de decisões (Chambers, 2014).

Para realizar a avaliação participativa, são utilizados diversos métodos e técnicas, como grupos focais, entrevistas participativas, workshops, mapeamento participativo e outras formas de diálogo e interação entre os participantes. Essas abordagens permitem a coleta de informações qualitativas, a troca de conhecimentos e experiências e a construção conjunta de análises e recomendações (Ribeiro & Fonseca, 2018).

Avaliação Baseada em Evidências: A busca por evidências sólidas e rigorosas tem sido uma tendência crescente na avaliação de políticas públicas. Isso envolve o uso de estudos científicos, análises de impacto e outras fontes de evidências confiáveis para embasar as conclusões da avaliação (Fung & Wright, 2003).

Abordagem de Avaliação Contínua: A avaliação contínua, ao invés de ser realizada apenas em momentos específicos, busca integrar a avaliação no ciclo de políticas públicas de forma contínua. Isso permite ajustes e melhorias ao longo do processo de implementação (Sen, 2004).

Avaliação Participativa e Inclusiva: A valorização da participação e inclusão dos diversos atores envolvidos nas políticas públicas tem sido uma tendência importante na avaliação. Isso inclui a consulta aos beneficiários, a participação da sociedade civil e a consideração de diferentes perspectivas e valores (Fischer, 2017).

2.3.3 Desafios e Tendências na Avaliação de Políticas Públicas

A avaliação de políticas públicas enfrenta diversos desafios e está sujeita a constantes mudanças e tendências inovadoras. Alguns dos desafios e inovações mais comuns incluem:

Disponibilidade de Dados: A falta de dados confiáveis e acessíveis pode dificultar a realização de uma avaliação abrangente e precisa das políticas públicas. É necessário investir em sistemas de monitoramento e avaliação que forneçam dados adequados e atualizados (Bem & Rowe, 2018).

Complexidade dos Impactos: As políticas públicas podem ter impactos diversos e complexos, que podem ser difíceis de mensurar e atribuir diretamente à política em avaliação. É necessário utilizar métodos e abordagens adequadas para capturar esses impactos de forma abrangente (Fung & Wright, 2003).

Incerteza e Ambiguidade: A avaliação de políticas públicas muitas vezes lida com incertezas e ambiguidades, especialmente em relação aos resultados futuros e às relações de causalidade. É importante lidar com essas incertezas de forma transparente e utilizar abordagens que considerem a incerteza inerente ao processo (Sen, 2004).

Participação dos Atores: A participação dos diversos atores envolvidos nas políticas públicas, como os beneficiários, a sociedade civil e os tomadores de decisão, é essencial para uma avaliação abrangente e legítima. É necessário garantir espaços de participação e engajamento ao longo do processo de avaliação (Fischer, 2017).

No cenário atual, algumas tendências têm se destacado na avaliação de políticas públicas:

Uso de Métodos Mistas: A combinação de métodos quantitativos e qualitativos tem se tornado mais comum na avaliação de políticas públicas. Isso permite uma análise mais abrangente e contextualizada dos impactos e processos relacionados às políticas (Bem & Rowe, 2018).

Uso de Tecnologias Digitais: O avanço das tecnologias digitais tem possibilitado o uso de novas ferramentas e métodos na avaliação de políticas públicas, como plataformas online, análise de big data e sistemas de monitoramento em tempo real. Essas tecnologias oferecem oportunidades para coleta de dados mais eficiente e análises mais precisas (Vedung, 2018).

2.4 Revisão e reformulação das políticas públicas

A revisão e reformulação das políticas públicas é uma etapa fundamental do ciclo de políticas públicas, pois permite a avaliação contínua da efetividade, eficiência e relevância das políticas em relação aos seus objetivos e contextos em mutação. Neste tópico, vamos explorar os processos de revisão e reformulação das políticas públicas, abordando as estratégias, desafios e abordagens utilizadas nesse processo.

2.4.1 Estratégias de revisão e reformulação de políticas públicas

A revisão e reformulação das políticas públicas envolvem uma série de estratégias e abordagens para identificar as lacunas, ineficiências ou necessidades de adaptação das políticas existentes. Dentre as estratégias comumente utilizadas, destacam-se:

Avaliação direta de políticas públicas: A avaliação direta é uma ferramenta essencial para identificar os resultados, impactos e efetividade das políticas públicas em relação aos objetivos estabelecidos. Através da análise dos dados coletados e da evidência disponível, a avaliação direta contribui para embasar a tomada de decisão em relação à revisão e reformulação das políticas (Rossi, Lipsey & Freeman, 2018).

A avaliação direta de políticas públicas é uma etapa crucial do ciclo de políticas públicas, pois permite a análise sistemática dos resultados e impactos das políticas implementadas em relação aos objetivos estabelecidos. É por meio da avaliação que se obtém informações fundamentais para embasar a tomada de decisão em relação à revisão e reformulação das políticas públicas. Neste tópico, exploraremos melhor a importância da avaliação de políticas públicas e como ela contribui para o aprimoramento das ações governamentais.

Esta avaliação de políticas públicas tem como objetivo principal mensurar os resultados alcançados pelas políticas, analisar os impactos gerados e avaliar sua efetividade. Para isso, é realizada uma análise sistemática e objetiva dos dados coletados, utilizando-se de métodos e técnicas adequadas para a obtenção de evidências sólidas (Fitzpatrick, Sanders & Worthen, 2011).

Por meio da avaliação direta é possível identificar se os resultados obtidos estão alinhados com os objetivos propostos, verificar se os recursos foram utilizados de forma eficiente e eficaz, e compreender quais fatores contribuíram ou dificultaram a implementação das políticas. Além disso, a avaliação permite identificar lições aprendidas, boas práticas e possíveis ajustes ou reformulações necessárias (Brousselle & Buregeya, 2019).

A avaliação direta de políticas públicas utiliza diferentes abordagens e métodos, dependendo do contexto e dos objetivos específicos. Alguns exemplos de abordagens comumente utilizadas incluem a avaliação de impacto, a avaliação de processo, a avaliação participativa e a avaliação de resultados. Cada uma dessas abordagens possui características e técnicas próprias, visando analisar diferentes aspectos das políticas e fornecer informações relevantes para a tomada de decisão (Patton, 2018).

No contexto brasileiro, uma referência importante sobre a avaliação direta de políticas públicas é o livro "Avaliação de Políticas Públicas: Uma Abordagem Conceitual e Metodológica" de Stéphane Larré, publicado em 2018. Nesta obra, a autora apresenta uma visão abrangente sobre os fundamentos teóricos e metodológicos da avaliação de políticas públicas, fornecendo orientações para a prática da avaliação no contexto brasileiro (Larré, 2018).

Em âmbito internacional, a obra "Evaluation: A Systematic Approach" de Peter H. Rossi, Mark W. Lipsey e Howard E. Freeman, publicada em 2018, é uma referência clássica na área de avaliação de políticas públicas. O livro aborda os princípios, métodos e técnicas de avaliação, fornecendo uma base sólida para a compreensão e aplicação da avaliação em diferentes contextos.

Outra obra relevante é "Evaluating Public Programs: Evidence-Based Policy Making and Implementation" de Jody L. Fitzpatrick, James R. Sanders e Blaine R. Worthen, publicada em 2011. Neste livro, os autores apresentam uma abordagem prática e abrangente para a avaliação de políticas públicas, destacando a importância da utilização de evidências na formulação e implementação de políticas baseadas em evidências.

Diálogos e consultas públicas: A participação ativa da sociedade civil, especialistas e outros atores relevantes é fundamental para a identificação de problemas, necessidades e sugestões de melhoria das políticas públicas. Através de diálogos e consultas públicas, é possível coletar diferentes perspectivas e construir consensos em relação à revisão e reformulação das políticas.

Este tópico sobre diálogos e consultas públicas destaca a importância da participação ativa da sociedade civil, especialistas e outros atores relevantes no processo de revisão e reformulação das políticas públicas. Através desses mecanismos, é possível coletar diferentes perspectivas, identificar problemas, necessidades e sugestões de melhoria, e construir consensos para a tomada de decisões mais informadas e legítimas.

Autores brasileiros e de outros países têm contribuído significativamente para o debate sobre a participação da população e os processos de diálogo e consulta popular.

Avritzer (2012) destaca a importância da participação cidadã na política e argumenta que a democracia participativa fortalece a legitimidade e a eficácia das políticas públicas.

Por sua vez, Fung (2006) enfatiza a importância dos mecanismos de participação e diálogo público para a criação de políticas mais inclusivas e responsivas às necessidades e preferências da sociedade.

Já Santos (2002) discute o conceito de democracia participativa e propõe a necessidade de uma transformação democrática que inclua a participação ativa da sociedade civil na tomada de decisões políticas.

Enquanto Gaventa (2006) destaca a importância da participação da sociedade civil no monitoramento e avaliação das políticas públicas, contribuindo para a transparência, a prestação de contas e a efetividade das políticas.

Mas, Archer (2010) explora os desafios e as oportunidades da participação pública na formulação de políticas, enfatizando a importância de criar espaços inclusivos e processos de diálogo que levem em consideração a diversidade de perspectivas.

Todos esses autores, dentre outros, enfatizam a importância de envolver atores diversos, promover a inclusão, valorizar diferentes perspectivas e construir consensos em relação às políticas públicas. Através do diálogo e das consultas públicas, é possível ampliar a legitimidade e a qualidade das políticas, garantindo que elas sejam mais adequadas e efetivas para atender às necessidades da sociedade.

Monitoramento e indicadores: O monitoramento contínuo das políticas públicas, por meio do acompanhamento de indicadores de desempenho, permite identificar áreas problemáticas ou de baixo desempenho, fornecendo informações valiosas para a revisão e reformulação das políticas.

Esse processo permite identificar áreas problemáticas ou de baixo desempenho, fornecendo informações valiosas para a revisão e reformulação das políticas. O monitoramento e o uso de indicadores são ferramentas essenciais para avaliar o progresso, identificar lacunas e promover a melhoria contínua das políticas públicas.

Vários pesquisadores de políticas públicas têm contribuído de forma significativa para o estudo de monitoramento e do uso de indicadores de desempenho.

Biderman e Santos (2013) exploram o uso de indicadores no monitoramento de políticas públicas no contexto brasileiro. Eles discutem a importância da definição de indicadores relevantes e da análise dos resultados para aprimorar a efetividade das políticas.

Já Alkire e Foster (2011) propõem o Índice de Pobreza Multidimensional (MPI, na sigla em inglês) como um indicador abrangente para medir a pobreza e monitorar o progresso em diferentes dimensões. O trabalho destaca a importância de indicadores multidimensionais na avaliação de políticas.

Por sua vez, Fleurbaey e Schokkaert. (2014) exploram o conceito de bem-estar multidimensional e sua relação com a mensuração de indicadores de desempenho.

Estes autores argumentam que é necessário considerar diferentes dimensões, como saúde, educação e renda, para uma avaliação completa das políticas públicas.

Enquanto Parry (2017) apresenta uma visão geral do monitoramento de políticas públicas e destaca a importância do alinhamento dos indicadores com os objetivos e metas estabelecidos. O autor discute os desafios e as melhores práticas na seleção e aplicação de indicadores de desempenho.

Schedler, Diamond e Plattner (1999) apresentam o livro "The Self-Restraining State: Power and Responsabilidade in New Democracies", que discute a importância do monitoramento e da prestação de contas nas políticas públicas. Os autores analisam casos de diferentes países e exploram os mecanismos para garantir a transparência e a responsabilização.

Essas obras e autores mencionados acima destacam a importância e necessidade do monitoramento e do uso de indicadores de desempenho no contexto das políticas públicas.

O monitoramento contínuo e a análise dos indicadores fornecem informações relevantes para subsidiar a tomada de decisões e aprimorar as políticas, contribuindo para a efetividade e o alcance dos objetivos estabelecidos.

Análise de contexto e cenários futuros: A análise do contexto social, econômico e político, bem como a projeção de cenários futuros, contribui para identificar os desafios e oportunidades que podem afetar a efetividade das políticas existentes. Essa análise permite ajustar e adaptar as políticas de acordo com as mudanças e demandas do ambiente.

Esta análise do contexto e projeção de cenários futuros, destaca a importância de compreender o contexto social, econômico e político em que as políticas públicas estão inseridas, bem como projetar cenários futuros para identificar os desafios e oportunidades que podem impactar a efetividade dessas políticas. Essa análise permite ajustar e adaptar as políticas de acordo com as mudanças e demandas do ambiente, garantindo sua relevância e eficácia ao longo do tempo.

Kotler, Kartajaya e Setiawan (2016) enfatizam a importância da análise de cenários futuros no contexto do marketing e das estratégias empresariais. Eles argumentam que a análise de cenários permite antecipar tendências e identificar possíveis desafios e oportunidades, orientando a tomada de decisões e a formulação de estratégias.

Por sua vez, Schwartz (1996) propõe a técnica de "cenários construídos" como uma abordagem para a análise de cenários futuros. Ele destaca a importância de considerar diferentes possibilidades e narrativas sobre o futuro, levando em conta incertezas e eventos que possam afetar as políticas públicas.

Enquanto Pereira (2012) discute a análise de contexto como uma etapa fundamental para o desenho e implementação de políticas públicas efetivas. Ele enfatiza a necessidade de compreender o contexto socioeconômico e político, identificar os atores envolvidos e as dinâmicas de poder para informar a formulação e implementação das políticas.

Já Dye (2017) destaca a importância da análise de políticas públicas em um contexto político e institucional mais amplo. Ele argumenta que a análise deve considerar fatores como a estrutura de poder, as ideologias políticas e os interesses das partes envolvidas para compreender os desafios e oportunidades enfrentados na formulação e implementação das políticas.

Para Lima e Valença (2019) a análise de contexto serve como uma abordagem para a gestão estratégica de políticas públicas. Eles discutem a importância de compreender as dinâmicas sociais, econômicas e políticas para identificar oportunidades de intervenção e ajustar as políticas às demandas do ambiente.

Por tudo isso, a análise do contexto social, econômico e político, aliada à projeção de cenários futuros, permite identificar desafios, antecipar mudanças e adaptar as políticas às necessidades e demandas do ambiente que está em constante transformação.

2.4.2 Desafios na revisão e reformulação de políticas públicas

A revisão e reformulação das políticas públicas não são tarefas simples e enfrentam uma série de desafios que devem ser considerados. Alguns dos principais desafios incluem:

Resistência à mudança: A resistência de grupos de interesse ou burocracias estabelecidas pode dificultar a revisão e reformulação das políticas, uma vez que mudanças podem implicar perdas de poder ou recursos para determinados grupos (Souza, 2006).

Complexidade e incerteza: As políticas públicas são frequentemente complexas e estão sujeitas a incertezas e ambiguidades. A revisão e reformulação exigem uma melhor compreensão aprofundada dos problemas e contextos, bem como a consideração de diferentes opções e cenários.

Recursos limitados: A revisão e reformulação das políticas requerem recursos financeiros, humanos e técnicos. A falta de recursos pode dificultar a realização de análises aprofundadas e consultas amplas, comprometendo a qualidade do processo de revisão (Bresser-Pereira, 2021).

Coordenação interinstitucional: A revisão e reformulação de políticas públicas geralmente envolvem múltiplas instituições e atores governamentais. A coordenação entre essas entidades é essencial para garantir a efetividade e a coerência das ações de revisão e reformulação (Howlett & Ramesh, 2017).

2.4.3 Abordagens na revisão e reformulação de políticas públicas

Diferentes abordagens têm sido utilizadas na revisão e reformulação de políticas públicas, visando garantir processos mais eficazes e participativos. Algumas dessas abordagens são:

Abordagem baseada em evidências: A revisão e reformulação das políticas são embasadas em evidências empíricas, utilizando dados, pesquisas e análises para embasar a tomada de decisão. Essa abordagem enfatiza a importância de considerar os resultados e impactos reais das políticas existentes.

Abordagem colaborativa: A revisão e reformulação são conduzidas de forma colaborativa, envolvendo a participação de diversos atores, como especialistas, comunidades afetadas, organizações da sociedade civil e setor privado. Através da colaboração, busca-se criar um espaço de diálogo e aprendizagem mútua para aperfeiçoar as políticas (Hill & Hupe, 2019).

Abordagem adaptativa: A revisão e reformulação das políticas são vistas como um processo contínuo de aprendizagem e adaptação. Essa abordagem reconhece a necessidade de flexibilidade e ajuste das políticas para lidar com as mudanças do ambiente e as demandas emergentes (Cerdeira, 2012).

Abordagem orientada por resultados: A revisão e reformulação das políticas são guiadas pela busca de resultados efetivos e impactos positivos. Essa abordagem enfatiza a importância de alinhar as políticas com os objetivos estabelecidos e de promover a eficiência na utilização dos recursos públicos.

Capítulo 3

Atores e Processos

Neste capítulo, serão analisados os diversos atores que desempenham papéis-chave na formulação, implementação e avaliação de políticas públicas, bem como os processos pelos quais essas políticas são desenvolvidas e implementadas.

A compreensão dos atores e processos nas políticas públicas é fundamental para analisar as dinâmicas políticas, identificar as influências dos diferentes grupos de interesse e entender como as políticas são moldadas e implementadas. Por meio dessa compreensão, podemos promover uma abordagem mais inclusiva, participativa e eficaz na elaboração e implementação de políticas públicas.

Neste capítulo, serão apresentados os diferentes atores envolvidos nas políticas públicas, como o governo, a sociedade civil, o setor privado e as organizações internacionais. Serão discutidas suas influências, interesses e relações de poder, a fim de compreender como esses atores moldam e influenciam o processo de formulação e implementação de políticas.

Além disso, serão abordados os processos envolvidos nas políticas públicas, desde a formulação até a implementação e avaliação. Serão analisados modelos de análise de políticas, etapas do ciclo de políticas públicas e abordagens de implementação e avaliação. Essa análise dos processos é essencial para garantir a efetividade das políticas, promover a transparência e a participação dos atores envolvidos, bem como possibilitar a revisão e a reformulação das políticas com base em evidências sólidas.

3.1 Stakeholders e suas influências

No contexto das políticas públicas, os stakeholders são atores interessados que possuem algum tipo de envolvimento ou influência sobre o processo de formulação, implementação e avaliação das políticas. Esses atores podem incluir grupos da sociedade civil, organizações não governamentais, setor privado, academia, especialistas, cidadãos e outros atores relevantes.

A compreensão dos stakeholders e de suas influências é fundamental para entender como os interesses, poderes e dinâmicas políticas moldam as políticas públicas.

3.1.1 Perspectivas teóricas sobre stakeholders

Diferentes perspectivas teóricas podem ser utilizadas para analisar os stakeholders e suas influências nas políticas públicas. A teoria dos stakeholders, proposta por Freeman (1984), destaca a importância de identificar e engajar os atores interessados relevantes para uma gestão eficaz das políticas públicas.

De acordo com essa teoria, os stakeholders podem ter diferentes níveis de poder e interesse, e sua participação ativa pode contribuir para uma tomada de decisão mais informada e legítima.

Outra perspectiva teórica importante é a abordagem de redes de políticas públicas, que enfatiza as relações entre os stakeholders e as interações que ocorrem em redes de atores. Autores como Rhodes (1997) e Sørensen e Torfing (2011) argumentam que as redes de políticas públicas são compostas por stakeholders com diferentes interesses e recursos, e que essas redes influenciam o processo de formulação e implementação das políticas.

3.1.2 Interesses, poderes e dinâmicas políticas

Os stakeholders podem exercer influência sobre as políticas públicas por meio de seus interesses, poderes e dinâmicas políticas. Os interesses dos stakeholders podem variar de acordo com suas características e objetivos específicos.

Por exemplo, organizações da sociedade civil podem defender interesses relacionados a direitos humanos, justiça social ou meio ambiente, enquanto o setor privado pode buscar interesses econômicos e de lucratividade.

Os poderes dos stakeholders podem derivar de diferentes fontes, como recursos financeiros, expertise técnica, acesso a informações privilegiadas ou influência política. Por exemplo, grupos de interesse podem exercer poder por meio de lobby, influenciando as decisões políticas em favor de seus interesses específicos (Hall, 1993).

A participação em espaços de deliberação e consulta, como comitês, audiências públicas e conselhos, também pode conferir poder aos stakeholders ao permitir que eles expressem suas opiniões e influenciem as decisões.

As dinâmicas políticas entre os stakeholders podem ser complexas e refletir conflitos de interesses, negociações, coalizões e alianças estratégicas. Autores como Sabatier e Jenkins-Smith (1993) destacam a importância das coalizões de stakeholders na definição das agendas políticas e no estabelecimento de objetivos das políticas públicas.

3..1.3 Mecanismos de influência dos stakeholders

Os stakeholders podem exercer influência sobre as políticas públicas por meio de diversos mecanismos. O lobby é um mecanismo comumente utilizado, no qual grupos de interesse buscam influenciar os tomadores de decisão por meio de estratégias de persuasão, argumentação e negociação (Baumgartner e Leech, 1998).

O advocacy também é uma forma de influência, em que organizações da sociedade civil defendem uma causa ou interesse específico, mobilizando recursos e pressionando por mudanças políticas (Stone, 2002).

A mobilização social é outra forma de influência dos stakeholders, em que grupos da sociedade civil buscam engajar a população, realizar manifestações, campanhas e protestos para chamar a atenção para questões específicas e pressionar por mudanças políticas (McAdam, Tarrow & Tilly, 2001).

A expertise técnica dos stakeholders também pode ser um mecanismo de influência importante. Especialistas e acadêmicos podem fornecer conhecimentos e evidências científicas para embasar a formulação de políticas e influenciar as tomadas de decisão (Weiss, 1980).

Além disso, a participação dos stakeholders em espaços de deliberação e consulta permite que eles contribuam com suas perspectivas e conhecimentos específicos para a tomada de decisão.

No contexto brasileiro, autores como Maria das Graças Rua, Luciano Antonio Prates Junqueira e Vera Lúcia Peixoto Santos (2015) discutem as dinâmicas políticas e a influência dos stakeholders na formulação e implementação das políticas públicas no Brasil. Eles exploram como diferentes atores, como governo, setor privado e sociedade civil, interagem e negociam interesses na arena política.

Outros autores brasileiros relevantes, como Andréa Freitas e Maria das Dores Campos Machado (2019), também analisam a participação da sociedade civil nas políticas públicas, enfatizando a importância da inclusão de diferentes grupos e a construção de consensos.

Em âmbito internacional, autores como B. Guy Peters (2015) discutem as dinâmicas políticas e as influências dos stakeholders nas políticas públicas em diferentes contextos. Peters destaca a importância de entender as relações de poder entre os atores e as negociações que ocorrem nos processos políticos.

A análise dos stakeholders e suas influências nas políticas públicas é crucial para compreender os interesses, poderes e dinâmicas políticas que moldam a definição dos objetivos das políticas, as tomadas de decisão e a implementação das ações. Diferentes perspectivas teóricas, como a teoria dos stakeholders e a abordagem de redes de políticas públicas, podem ser aplicadas para examinar essas questões.

3.1.4 Papel dos strakeholders na definição das políticas públicas

Algumas características ressaltam os papeis desempenhados pelos stakeholders em diferentes dimensões do processo de definição das políticas públicas. Considerar esses elementos permite uma abordagem mais abrangente e participativa, levando em conta a diversidade de perspectivas, a legitimidade, a expertise e os recursos disponíveis para o desenvolvimento e implementação das políticas públicas. Eis alguns desses papeis:

Representatividade e diversidade: Os stakeholders podem representar grupos específicos da sociedade, como minorias étnicas, gênero, idade, classe social, entre outros. A inclusão desses grupos na definição das políticas públicas é fundamental para garantir melhor representatividade e a diversidade de interesses e perspectivas na tomada de decisões (Carvalho & Costa, 2018).

Legitimidade e responsabilidade: Os stakeholders têm o poder de influenciar a legitimidade e a responsabilidade das políticas públicas. Eles podem questionar a autoridade e a legitimidade das instituições responsáveis pela tomada de decisão e pela implementação das políticas. Além disso, os stakeholders podem demandar transparência, prestação de contas e responsabilização dos tomadores de decisão e dos atores envolvidos no processo de formulação e implementação das políticas (Bovens, 2010; Santos, 2018).

Conhecimento e expertise: Os stakeholders podem trazer conhecimentos específicos e expertise técnica para o processo de definição das políticas públicas. Esses conhecimentos podem ser baseados em pesquisas acadêmicas, experiência prática, dados empíricos, entre outros. A incorporação desse conhecimento pode enriquecer a formulação das políticas, garantindo que elas sejam informadas por evidências e informações relevantes (Frey & Müller, 2020).

Construção de consensos: Os stakeholders desempenham um papel importante na construção de consensos em torno das políticas públicas. Eles podem participar de processos de diálogo, negociação e consulta para buscar pontos de convergência e alcançar acordos sobre objetivos, estratégias e ações a serem adotadas. A construção de consensos pode aumentar a legitimidade das políticas e facilitar a implementação, reduzindo conflitos e resistências (Fischer, 2000).

Acesso a recursos e capacidades: Os stakeholders podem ter acesso a recursos e capacidades que podem ser mobilizados em prol da implementação das políticas públicas. Isso inclui recursos financeiros, conhecimento técnico, redes de contatos, infraestrutura, entre outros. A colaboração e parceria entre os stakeholders pode potencializar a efetividade das políticas, ao compartilhar recursos e combinar habilidades complementares (Gainsborough, 2013).

3.2 Participação cidadã e democracia

A participação cidadã e a democracia são conceitos fundamentais no contexto das políticas públicas, pois envolvem a inclusão dos cidadãos no processo de tomada de decisões, permitindo que suas vozes sejam ouvidas e consideradas nas políticas que os afetam.

A participação cidadã é um componente essencial da democracia, pois busca promover a igualdade, a transparência e a responsabilidade no exercício do poder político.

Uma das perspectivas teóricas relevantes para entender a participação cidadã e a democracia é a teoria deliberativa, que enfatiza o diálogo racional e inclusivo como forma de tomar decisões políticas. Segundo Habermas (1984), a deliberação pública é um processo em que os cidadãos podem discutir, negociar e chegar a um consenso em relação às questões políticas. Nesse contexto, a participação cidadã é vista como um meio de ampliar a deliberação democrática e fortalecer a legitimidade das decisões políticas.

No Brasil, autores como Avritzer (2012) destacam a importância da participação cidadã para fortalecer a democracia participativa. Ele argumenta que a participação cidadã permite que os cidadãos se tornem ativos na definição e implementação de políticas públicas, além de fortalecer os mecanismos de responsabilidade e controle social.

Outra perspectiva relevante é a teoria da governança participativa, que destaca a importância da participação dos cidadãos em redes de governança que envolvem atores públicos, privados e da sociedade civil.

Autores como Sørensen e Torfing (2011) discutem como a participação cidadã pode contribuir para a melhoria da governança, promovendo a colaboração e o envolvimento de múltiplos atores na definição e implementação de políticas públicas.

Além disso, é importante mencionar a perspectiva dos movimentos sociais e da mobilização cidadã. Autores como Tarrow (2011) argumentam que os movimentos sociais desempenham um papel crucial na ampliação da participação cidadã e na pressão por mudanças políticas. Eles atuam como atores políticos autônomos que buscam influenciar as políticas públicas por meio de estratégias como protestos, campanhas e advocacia.

Para aprofundar a análise da participação cidadã e democracia, é relevante também considerar os desafios e limitações desse processo. Autores como Fung (2006) argumentam que existem tensões constantes entre a participação cidadã e a eficácia das políticas, bem como as desigualdades de acesso e representatividade na participação. Além disso, a literatura sobre a participação cidadã destaca a importância de criar espaços institucionais adequados e mecanismos de engajamento eficazes para garantir a inclusão e a diversidade de perspectivas.

Em suma, a participação cidadã e a democracia são dois princípios fundamentais reconhecidos para o fortalecimento das políticas públicas. A teoria deliberativa, a teoria da governança participativa e a perspectiva dos movimentos sociais fornecem abordagens teóricas valiosas para compreender os diferentes aspectos e dinâmicas da participação cidadã.

É importante reconhecer tanto as possibilidades quanto os desafios envolvidos na promoção da participação cidadã, garantindo a igualdade, a inclusão e a representatividade nas políticas públicas.

3.2.1 Variáveis da participação cidadã

Além das perspectivas teóricas e dos desafios discutidos anteriormente, existem outras variáveis e tópicos relevantes quando se trata da participação cidadã e da democracia na definição e implementação das políticas públicas. A seguir, algumas dessas variáveis e tópicos adicionais:

Capacidade institucional: A capacidade das instituições governamentais e da sociedade civil para promover a participação cidadã é fundamental. Promover instituições bem estruturadas, com recursos adequados e mecanismos claros de participação, tendem a facilitar a inclusão e a influência dos cidadãos na definição das políticas públicas. Autores como Gaventa e Barrett (2010) discutem a importância de fortalecer a capacidade institucional para a participação cidadã efetiva.

Níveis de participação: A participação cidadã pode ocorrer em diferentes níveis, desde o nível local até o nível nacional e internacional. Cada nível apresenta suas próprias dinâmicas e desafios. A participação local, por exemplo, pode permitir um maior envolvimento dos cidadãos nas decisões que afetam suas comunidades, enquanto a participação em nível nacional ou internacional pode envolver a influência em políticas de maior abrangência. Autores como Bäckstrand (2003) discutem os diferentes níveis de participação e suas implicações para a democracia.

Formas de participação: A participação cidadã pode assumir diferentes formas, além dos espaços tradicionais de deliberação e consulta. Por exemplo, a participação online e o uso das tecnologias de informação e comunicação têm se mostrado cada vez mais relevantes, permitindo a ampliação da participação e a superação de barreiras geográficas e temporais. Autores como Coleman e Moss (2012) exploram as formas emergentes de participação cidadã na era digital.

Interseccionalidade e representatividade: É essencial considerar a interseccionalidade ao discutir a participação cidadã e a democracia. A diversidade de gênero, raça, etnia, classe social e outras identidades podem influenciar a capacidade de participação e representatividade dos diferentes grupos da sociedade. Autores como Young (2000) discutem a importância de garantir a inclusão de grupos historicamente marginalizados na participação cidadã.

Processos de tomada de decisão: A participação cidadã não se limita apenas à fase de definição de políticas, mas também pode ocorrer durante os processos de tomada de decisão e implementação das políticas públicas. Autores como Fung e Wright (2003) exploram abordagens participativas na tomada de decisões, como conselhos consultivos, parcerias e co-produção de políticas.

Esses são apenas alguns exemplos de variáveis e tópicos adicionais relacionados à participação cidadã e democracia na definição e implementação das políticas públicas. É importante ressaltar que a literatura sobre o tema é vasta e continua em constante evolução, fornecendo novas perspectivas teóricas e evidências empíricas para a compreensão dessas dinâmicas complexas.

3.2.2 Abordagens diferenciadas da participação cidadã

Além das variáveis e abordagens mencionadas anteriormente, existem outras perspectivas e abordagens menos conhecidas quando se trata da participação cidadã e democracia na definição e implementação das políticas públicas. Vamos apresentar algumas delas:

Democracia deliberativa: A democracia deliberativa enfatiza a importância do diálogo e da deliberação entre os cidadãos para a tomada de decisões políticas. Autores como Habermas (1996) argumentam que a participação cidadã deve ser baseada em discussões racionais e inclusivas, permitindo que os cidadãos apresentem seus argumentos e debatam sobre as questões em pauta.

Co-gestão e co-produção de políticas: Essas abordagens buscam promover a participação efetiva dos cidadãos em todas as fases do ciclo de políticas públicas, desde a definição dos problemas até a implementação das ações. A co-gestão envolve a colaboração entre o governo e a sociedade civil na tomada de decisões, enquanto a co-produção destaca a importância da parceria entre diferentes atores na criação e implementação das políticas. Autores como Sørensen e Torfing (2011) discutem essas abordagens participativas na governança pública.

Inclusão de grupos vulneráveis: Uma abordagem menos explorada é a inclusão de grupos vulneráveis na participação cidadã. Isso envolve garantir que as vozes dos grupos marginalizados, como pessoas com deficiência, migrantes, comunidades indígenas e outros grupos em situação de vulnerabilidade, sejam ouvidas e consideradas nas decisões políticas. Autores como Fraser (2009) discutem a importância da justiça social e da inclusão na democracia.

Participação além dos processos formais: Além dos espaços formais de participação, é importante considerar outras formas de engajamento cidadão, como movimentos sociais, protestos, ações coletivas e outras formas de ativismo. Essas formas de participação podem ser fundamentais para pressionar por mudanças nas políticas públicas e trazer questões emergentes para a agenda política. Autores como Tilly (2004) exploram o papel dos movimentos sociais na construção da democracia.

Participação transnacional: Com o aumento da interconectividade global, a participação cidadã também pode ocorrer em nível transnacional, abordando questões que ultrapassam as fronteiras nacionais. A participação em fóruns internacionais, redes transnacionais e organizações da sociedade civil globais desempenha um papel cada vez mais importante na definição das políticas públicas. Autores como Archibugi e Held (2011) discutem a participação cidadã em nível global.

Essas abordagens adicionais destacam a diversidade de perspectivas e abordagens relacionadas à participação cidadã e democracia nas políticas públicas. Cada uma delas oferece insights valiosos sobre como promover uma participação mais inclusiva e efetiva dos cidadãos na tomada de decisões políticas para formulação e desenvolvimento das políticas públicas.

3.3 Processos de tomada de decisão e negociação

Uma perspectiva teórica relevante para compreender os processos de tomada de decisão e negociação é a Teoria da Escolha Racional. Essa abordagem parte do pressuposto de que os atores envolvidos em uma política pública são racionais e buscam maximizar seus interesses próprios. Autores considerados clássicos como James Buchanan e Gordon Tullock desenvolveram essa teoria, enfatizando o papel dos incentivos e das interações entre os atores na formação das políticas.

A Teoria da Escolha Racional é uma perspectiva teórica amplamente utilizada na análise dos processos de tomada de decisão nas políticas públicas.   Essa abordagem se baseia na premissa de que os atores envolvidos são racionais e buscam maximizar seus próprios interesses, considerando cuidadosamente os custos e benefícios das diferentes opções disponíveis.

James Buchanan e Gordon Tullock são dois autores que contribuíram significativamente para o desenvolvimento da Teoria da Escolha Racional. Em sua obra clássica "The Calculus of Consent: Logical Foundations of Constitutional Democracy" (1999), eles argumentam que as decisões políticas são tomadas com base em cálculos racionais, levando em conta as preferências individuais e as restrições do ambiente político.

De acordo com essa perspectiva, os atores políticos são vistos como maximizadores de utilidade, buscando obter o máximo benefício possível para si mesmos.

Estes atores avaliam cuidadosamente as opções disponíveis, pesando os custos e benefícios associados a cada uma delas. A escolha é feita com base na expectativa de que a opção selecionada trará o maior benefício líquido em relação aos custos incorridos.

Essa abordagem enfatiza a importância das preferências individuais na tomada de decisão, destacando que os atores políticos têm diferentes interesses e objetivos. Para a Teoria da Escolha Racional, os indivíduos têm informações limitadas e são motivados pelo próprio interesse, o que leva a estratégias de ação que buscam maximizar suas recompensas e minimizar seus custos (Peters, 2018).

No entanto, é importante ressaltar que a Teoria da Escolha Racional não considera apenas os aspectos egoístas dos atores. Ela reconhece que os indivíduos também podem ter preferências altruístas ou baseadas em valores éticos. Além disso, a Teoria da Escolha Racional não nega a importância de outros fatores, como normas sociais, instituições políticas e contextos culturais, que também podem influenciar a tomada de decisão.

Essa perspectiva teórica tem sido criticada por sua simplificação da natureza humana, ao considerar apenas a racionalidade limitada e os cálculos utilitários dos atores.

Outras abordagens, como a Teoria Institucional e a Teoria dos Jogos, buscam complementar e expandir a compreensão dos processos de tomada de decisão nas políticas públicas, considerando também a influência de normas, regras e interações sociais (Mueller, 2003).

Em resumo, a Teoria da Escolha Racional enfatiza a racionalidade dos atores políticos, que buscam maximizar seus próprios interesses por meio de cálculos de custos e benefícios. Autores como James Buchanan e Gordon Tullock argumentam que as decisões políticas são tomadas com base em preferências individuais e restrições do ambiente político. No entanto, essa abordagem não é a única explicação para os processos de tomada de decisão, e outras perspectivas teóricas complementares também são relevantes para uma compreensão mais abrangente desses processos.

No entanto, essa visão de tomada de decisão como um processo puramente racional e individual pode ser criticada por negligenciar outros fatores importantes. Abordagens como a Teoria da Escolha Pública ampliada, proposta por autores como Charles Lindblom (1959) e Richard Musgrave (1959), destacam a importância das interações entre os atores e a presença de restrições institucionais na tomada de decisão.

A abordagem da Teoria da Escolha Pública ampliada é uma extensão da Teoria da Escolha Racional, que busca compreender a tomada de decisão em contextos políticos mais complexos. Enquanto a Teoria da Escolha Racional tradicionalmente se concentra na maximização dos interesses individuais, a abordagem ampliada reconhece que os atores políticos também podem ser motivados por outros fatores, como objetivos coletivos, normas sociais e valores compartilhados.

Um dos principais conceitos da abordagem ampliada é o de "interesses públicos", que são os interesses que transcendem os interesses individuais e visam ao bem-estar coletivo. Essa perspectiva reconhece que os atores políticos podem agir de forma altruísta, considerando o impacto de suas decisões no conjunto da sociedade.

Esta Teoria teve grande reconhecimento em todo mundo. Dentre os autores que contribuíram para a Teoria da Escolha Pública ampliada, podemos citar:

Elinor Ostrom (1990): Ganhou o Prêmio Nobel de Economia em 2009 por seu trabalho sobre a governança dos recursos comuns. Ela enfatizou a importância da cooperação e da ação coletiva na resolução de problemas sociais e na gestão de recursos compartilhados.

William Niskanen (1971): Contribuiu com a análise dos comportamentos de grupos de interesse e sua influência na formulação de políticas públicas. Ele argumentou que os grupos de interesse podem buscar a maximização de seus próprios benefícios, em detrimento do interesse público.

José Maria Maravall e Adam Przeworski (2003): Esses autores estudaram a relação entre democracia e governabilidade, argumentando que a participação política e a competição entre partidos são fundamentais para garantir a representatividade e a legitimidade das decisões políticas. Este livro examina a relação entre democracia, governabilidade e Estado de Direito, abordando a participação política e a tomada de decisão nas políticas públicas.

Paulo Roberto de Almeida (1997): Autor brasileiro que contribuiu para a Teoria da Escolha Pública ampliada no contexto brasileiro. Seus estudos abordam a influência de grupos de interesse, a tomada de decisão política e a gestão de recursos públicos. Paulo Roberto de Almeida analisa a tomada de decisão política no contexto brasileiro, considerando os interesses dos atores políticos e a gestão dos recursos públicos.

Esses autores apresentam diferentes perspectivas teóricas dentro da abordagem da Teoria da Escolha Pública ampliada, fornecendo insights sobre como os atores políticos podem considerar interesses públicos mais amplos, além de seus próprios interesses individuais. Suas contribuições são fundamentais para uma compreensão mais abrangente dos processos de tomada de decisão e negociação nas políticas públicas.

3.3.1 Abordagem da governança colaborativa

Além Teoria da Escolha Pública ampliada, outras abordagens tem ganhado destaque na explicação para os processos de tomada de decisão e negociação nas políticas públicas, a exemplo da perspectiva da governança colaborativa.

Essa abordagem enfatiza a importância da participação de múltiplos atores e da construção de relações colaborativas entre eles. Autores como Chris Ansell e Alison Gash (2018) exploram os mecanismos de negociação e cooperação entre os atores governamentais e não governamentais nesse contexto.

A perspectiva da governança colaborativa é uma abordagem que destaca a importância da participação e colaboração de múltiplos atores na tomada de decisão e na implementação de políticas públicas. Essa abordagem reconhece que as questões sociais são complexas e exigem a colaboração de diversos atores, incluindo governos, organizações da sociedade civil, setor privado, comunidades locais e cidadãos, para alcançar soluções eficazes e sustentáveis.

A governança colaborativa se baseia na premissa de que nenhum único ator, ou grupo, possui todo o conhecimento ou recursos necessários para resolver problemas complexos. Portanto, a participação e a colaboração de diferentes partes interessadas são essenciais para a formulação de políticas mais inclusivas e efetivas. Essa perspectiva enfatiza a importância da construção de relações de confiança, comunicação aberta e engajamento ativo entre os atores envolvidos (Emerson, Nabatchi & Balogh, 2012).

Esta abordagem da governança colaborativa envolve vários elementos-chave, tais como:

Diálogo e Deliberação: A governança colaborativa promove o diálogo entre os atores, permitindo que diferentes perspectivas e conhecimentos sejam compartilhados. Esse diálogo é facilitado por processos de deliberação, nos quais os participantes discutem e avaliam diferentes opções e soluções.

Cooperação e Parceria: A colaboração entre os atores é essencial na governança colaborativa. Isso envolve estabelecer parcerias e acordos colaborativos para identificar problemas, definir metas e implementar ações conjuntas.

Inclusão e Diversidade: A governança colaborativa busca garantir a participação de uma ampla gama de atores, incluindo grupos marginalizados e afetados diretamente pelas políticas públicas. Isso é fundamental para evitar a exclusão e garantir que as políticas sejam mais representativas e sensíveis às necessidades e demandas de todos os envolvidos (Serra & Sá, 2018).

Aprendizado e Adaptação: A governança colaborativa reconhece que os desafios e as soluções são dinâmicos e evoluem ao longo do tempo. Portanto, é importante criar mecanismos de aprendizado e adaptação contínua, permitindo a revisão e o ajuste das políticas de acordo com as mudanças de contexto e novas informações (Serra & Sá, 2018).

Além da perspectiva da governança colaborativa, existem outras abordagens e conceitos relacionados que também são relevantes para a compreensão dos processos de tomada de decisão e negociação em políticas públicas. Algumas delas incluem:

Governança em Rede: A abordagem da governança em rede destaca a importância das interações horizontais entre os atores envolvidos na tomada de decisão e na implementação das políticas. Ela enfatiza a necessidade de estabelecer parcerias e relações de cooperação entre organizações governamentais e não governamentais, setor privado e sociedade civil. Essa abordagem reconhece que a resolução de problemas complexos requer a colaboração e a coordenação de múltiplos atores que possuem diferentes recursos e expertise (Provan & Kenis, 2007).

Governança Participativa: A perspectiva da governança participativa coloca ênfase na inclusão e no engajamento ativo dos cidadãos no processo de tomada de decisão. Ela busca promover a participação dos cidadãos nas fases de diagnóstico, formulação, implementação e avaliação das políticas públicas. A governança participativa envolve a criação de espaços e mecanismos que permitem aos cidadãos contribuir com seus conhecimentos, experiências e perspectivas na definição dos problemas públicos e na busca de soluções (Avritzer, 2012).

Co-produção de Políticas Públicas: A abordagem da co-produção enfatiza a importância da colaboração entre o governo e os cidadãos na produção e entrega de serviços públicos. Ela reconhece que os cidadãos não são apenas receptores passivos de serviços, mas também podem desempenhar um papel ativo na sua concepção, implementação e avaliação. Essa abordagem promove a ideia de que os cidadãos têm expertise e conhecimentos que podem contribuir para a melhoria e a inovação dos serviços públicos (Osborne & Strokosch, 2013).

Governança Adaptativa: A perspectiva da governança adaptativa destaca a importância de abordagens flexíveis e adaptativas para lidar com problemas complexos e em constante mudança. Ela reconhece que as políticas públicas devem ser capazes de se ajustar e responder às mudanças no contexto, bem como às novas informações e evidências. Essa abordagem enfatiza a experimentação, a aprendizagem contínua e a capacidade de adaptação das políticas públicas (Biggs et al., 2012).

Essas abordagens complementam a perspectiva da governança colaborativa, ampliando o entendimento dos processos de tomada de decisão e negociação em políticas públicas. É importante mencionar que cada uma dessas abordagens possui sua própria base teórica e é objeto de estudo e debate por vários autores e pesquisadores, incluindo brasileiros como Mariana Mota Prado (2016), Fabiola Sulpino Vieira, (2013) Geraldo Gomes (2014) e Paulo de Martino Jannuzzi (2013), entre outros. Explorar essas referências e outras fontes acadêmicas atualizadas permitirá um aprofundamento maior em cada uma dessas abordagens.

No contexto brasileiro, há diversos autores que têm contribuído para a compreensão dos processos de tomada de decisão e negociação. Autores como Sérgio Abranches (2014), Bolivar Lamounier (2014) e Maria Hermínia Tavares de Almeida (1999) têm abordado as especificidades do sistema político brasileiro e as dinâmicas de negociação entre os atores.

É importante ressaltar que a análise dos processos de tomada de decisão e negociação nas políticas públicas é multidisciplinar, envolvendo contribuições da ciência política, economia, sociologia, entre outras disciplinas. Portanto, é fundamental considerar diferentes perspectivas teóricas e abordagens metodológicas para compreender a complexidade desses processos.

Além disso, Bolivar Lamounier, em sua obra "A Classe Média Brasileira: Amor e Ódio a Lula" (2014), explora as relações de poder e a influência dos diferentes atores na tomada de decisão política no Brasil.

Lamounier analisa as percepções, atitudes e comportamentos da classe média em relação a Lula, explorando tanto o apoio fervoroso como o forte antagonismo que ele desperta nesse grupo social.

O autor examina as principais características da classe média brasileira, seu papel na sociedade e suas demandas políticas. Ele discute o impacto das políticas implementadas durante o governo de Lula e como essas medidas foram recebidas e interpretadas pela classe média. Lamounier também aborda as transformações políticas e sociais ocorridas no país ao longo do período analisado, destacando a polarização política e a influência dos discursos e narrativas na construção das percepções da classe média sobre Lula.

Ao longo do livro, o autor utiliza uma abordagem multidisciplinar que combina elementos da ciência política, sociologia e análise de discurso para compreender as motivações e as reações da classe média brasileira em relação a Lula e seu governo.

Este autor também destaca a importância de considerar as dinâmicas de poder e as relações entre os diferentes atores políticos na compreensão dos processos de tomada de decisão no Brasil.

Em suma, "A Classe Média Brasileira: Amor e Ódio a Lula" oferece uma análise profunda sobre as relações de poder e a influência dos diferentes atores na tomada de decisão política no Brasil, com foco na classe média e sua percepção e posicionamento em relação a Luiz Inácio Lula da Silva. A obra contribui para o entendimento das dinâmicas políticas e sociais do país e como elas influenciam os rumos da política brasileira.

Maria Hermínia Tavares de Almeida, em "Democracia e Confiança: Por Que os Cidadãos Desconfiam das Instituições?" (2000), discute a relação entre os atores políticos e a confiança do público nas instituições democráticas.

A obra analisa a relação entre os atores políticos e a confiança do público nas instituições democráticas. A autora busca compreender as razões por trás da desconfiança generalizada da população em relação aos governantes, partidos políticos, parlamentares e outras instituições políticas.

Almeida investiga como a desconfiança se manifesta e quais são suas consequências para o funcionamento da democracia. Ela explora o contexto histórico, social e político em que a desconfiança se desenvolve, identificando fatores como a corrupção, a falta de transparência, a distância entre governantes e governados, a percepção de descaso com os interesses da população e a falta de prestação de contas por parte dos políticos.

A autora também discute o papel dos atores políticos na construção ou mineração da confiança pública. Ela examina como os governantes, os partidos políticos e outros atores influenciam a percepção do público e aborda estratégias que podem ser adotadas para reconstruir a confiança nas instituições democráticas.

Através de uma abordagem teórica e empírica, Almeida apresenta argumentos e evidências que demonstram a importância da confiança para o bom funcionamento da democracia. Ela destaca a necessidade de promover uma maior transparência, responsabilidade e participação cidadã para reconstruir a confiança nas instituições políticas.

Em suma, "Democracia e Confiança: Por Que os Cidadãos Desconfiam das Instituições?" de Maria Hermínia Tavares de Almeida é uma obra que discute a relação entre os atores políticos e a confiança do público nas instituições democráticas. A autora apresenta uma análise aprofundada sobre as causas e consequências da desconfiança generalizada e oferece reflexões importantes para fortalecer a confiança e a participação cidadã na democracia.

Neste capítulo vimos a complexidade das interações entre os atores envolvidos na formulação, implementação e avaliação de políticas públicas. Ao longo do capítulo, analisamos diferentes perspectivas teóricas e abordagens que contribuem para a compreensão desses processos.

Discutimos a importância dos stakeholders e suas influências nas políticas públicas. Reconhecemos que esses atores são essenciais para a definição dos objetivos das políticas, a tomada de decisão e a implementação das ações. Eles podem exercer influência de diversas formas, desde o lobby e a advocacia até a participação em espaços de deliberação e consulta. É fundamental considerar seus interesses, poderes e dinâmicas políticas para garantir uma abordagem inclusiva e efetiva na formulação e implementação das políticas.

Em seguida, abordamos a participação cidadã e a democracia como elementos-chave para a legitimação e aprimoramento das políticas públicas. Reconhecemos que a participação ativa da sociedade civil, especialistas e outros atores relevantes é fundamental para a identificação de problemas, necessidades e sugestões de melhoria. Através de diálogos e consultas públicas, é possível coletar diferentes perspectivas e construir consensos, fortalecendo a qualidade e a representatividade das políticas.

Exploramos também os processos de tomada de decisão e negociação, destacando as diferentes abordagens teóricas. A Teoria da Escolha Racional enfatiza a busca pela maximização dos interesses individuais por meio de cálculos de custos e benefícios. Já a Teoria da Escolha Pública ampliada incorpora aspectos como as preferências coletivas, os jogos de poder e as estruturas institucionais. E a perspectiva da governança colaborativa ressalta a importância da cooperação entre atores públicos, privados e da sociedade civil na busca de soluções compartilhadas.

O Capítulo 3 forneceu uma compreensão aprofundada dos atores envolvidos e dos processos que ocorrem no contexto das políticas públicas.

Analisamos as influências dos stakeholders, a importância da participação cidadã, as abordagens teóricas sobre a tomada de decisão e negociação, entre outros temas relevantes.

Essa análise nos permitiu estabelecer uma base sólida para a transição para o próximo capítulo, que abordará o tema da implementação das políticas públicas. Compreendemos que a implementação efetiva das políticas depende não apenas dos atores e processos envolvidos na sua formulação, mas também de uma série de desafios e dinâmicas específicas que ocorrem na etapa de implementação.

Ao entender as influências, interesses e dinâmicas políticas dos atores envolvidos, podemos antecipar e enfrentar melhor os desafios que surgem durante a implementação das políticas. A participação cidadã e a governança colaborativa, por exemplo, desempenham papéis importantes nesse estágio, permitindo que os atores se envolvam ativamente, forneçam feedback e monitorem o progresso da implementação.

Além disso, a compreensão dos processos de tomada de decisão e negociação nos capacita a abordar os desafios relacionados à coordenação entre os atores envolvidos, à gestão de conflitos e à busca de soluções compartilhadas.

Esses aspectos serão explorados de maneira mais aprofundada no próximo capítulo, à medida que nos aprofundamos na análise dos mecanismos e estratégias de implementação das políticas públicas.

Portanto, estabelecemos uma base teórica e conceitual sólida que nos permite avançar para o próximo estágio da análise das políticas públicas. Ao compreender os atores, os processos de tomada de decisão e as influências envolvidas, estaremos preparados para explorar como esses elementos se manifestam e afetam a implementação das políticas públicas no próximo capítulo.

Capítulo 4

Características das Políticas Públicas

Neste Capítulo abordaremos o tema das características das políticas públicas. Iremos aprofundar nossa compreensão sobre os traços distintivos das políticas públicas e como eles influenciam sua efetividade e impacto na sociedade.

Ao longo do capítulo, exploraremos diferentes dimensões e elementos que caracterizam as políticas públicas, levando em consideração abordagens teóricas e exemplos práticos. Serão discutidos aspectos como a natureza complexa dos problemas públicos, a necessidade de intervenção estatal, a diversidade de instrumentos e ferramentas de implementação, a avaliação de políticas e a capacidade de adaptação frente a mudanças no contexto socioeconômico e político.

Inicialmente, iremos examinar a natureza dos problemas públicos, compreendendo sua complexidade e interdependência.

A partir dessa análise, entenderemos a necessidade de intervenção governamental para lidar com esses problemas e promover o bem-estar social. Discutiremos também os critérios utilizados na definição da agenda pública e na seleção de problemas a serem abordados por meio das políticas públicas.

Em seguida, exploraremos as características dos instrumentos de implementação das políticas públicas, destacando a diversidade de abordagens disponíveis. Serão apresentados exemplos de instrumentos como regulação, incentivos econômicos, parcerias público-privadas, entre outros, enfatizando suas vantagens e desafios.

A avaliação de políticas públicas também será abordada neste capítulo, destacando sua importância para o aprimoramento e ajuste das políticas em curso. Discutiremos diferentes abordagens de avaliação, como a avaliação de impacto, a avaliação de processo e a avaliação de efetividade, além de considerar os desafios e limitações desse processo.

Por fim, abordaremos a capacidade de adaptação das políticas públicas, levando em consideração as mudanças no contexto socioeconômico e político. Exploraremos a importância da flexibilidade e da capacidade de aprendizado das políticas públicas diante das demandas e desafios emergentes.

Neste capítulo, analisaremos as contribuições de renomados pesquisadores e especialistas no campo das políticas públicas, tanto do Brasil quanto de outros países, cujas obras serão referenciadas ao longo do texto. Através de uma abordagem teórica embasada e de exemplos práticos, buscaremos fornecer uma visão abrangente sobre as características das políticas públicas, permitindo uma compreensão mais profunda e informada dessa importante área de estudo e atuação.

Ao final do capítulo, os leitores estarão aptos a identificar as características essenciais das políticas públicas, compreendendo sua natureza complexa, os desafios envolvidos em sua implementação e a importância da avaliação e adaptação para sua efetividade. Esses conhecimentos serão fundamentais para a compreensão mais abrangente do ciclo das políticas públicas, conforme explorado ao longo do livro.

4.1 Objetivos e Finalidades das Políticas Públicas

Este aspecto é fundamental para compreendermos os propósitos que orientam a formulação e implementação das políticas públicas, bem como seus impactos desejados na sociedade.

Diversos autores têm contribuído para a compreensão dos objetivos e finalidades das políticas públicas, fornecendo diferentes perspectivas teóricas e abordagens metodológicas. Um dos enfoques mais relevantes é a análise das preferências e valores dos atores envolvidos no processo de formulação das políticas, tanto os decisores políticos quanto os diversos grupos e indivíduos afetados por essas políticas (Santos, 2003).

A análise das preferências e valores dos atores envolvidos no processo de formulação das políticas públicas desempenha um papel fundamental na compreensão das dinâmicas políticas e na tomada de decisões informadas. Essa análise busca identificar e compreender as diferentes perspectivas, interesses e motivações dos atores políticos, bem como dos grupos e indivíduos afetados pelas políticas públicas.

Ao considerar as preferências e valores dos atores, é importante reconhecer que cada um deles pode ter diferentes visões e prioridades em relação aos problemas públicos e às soluções propostas. Os decisores políticos, por exemplo, podem ter suas próprias agendas políticas, ideológicas e eleitorais, que podem influenciar suas escolhas e decisões.

Por outro lado, os grupos e indivíduos afetados pelas políticas podem ter necessidades específicas, demandas particulares e valores divergentes que devem ser levados em consideração (Hindmoor, 2018).

Uma abordagem comumente utilizada para analisar as preferências e valores dos atores é a Teoria da Escolha Racional, que enfatiza a maximização dos interesses individuais por meio de cálculos de custo-benefício. Autores como James Buchanan e Gordon Tullock (1999) argumentam que os atores políticos tomam decisões racionais com base em seus próprios interesses e preferências.

No entanto, é importante notar que nem todos os atores se enquadram nessa perspectiva da escolha racional. Outras abordagens, como a Teoria da Ação Coletiva, destacam a importância dos grupos e da interação social na formação de preferências e na busca de objetivos comuns. Autores como Mancur Olson (1965) argumentam que a ação coletiva pode surgir quando os atores compartilham interesses comuns e enfrentam problemas de coordenação ou de ação individual (Bendor, Glazer & Hammond, 2018).

Além disso, é crucial considerar as questões de representatividade e participação. A diversidade de atores e a inclusão de diferentes perspectivas são elementos-chave para a legitimidade e eficácia das políticas públicas.

Nesse sentido, a consulta e a participação dos grupos e indivíduos afetados podem fornecer insights valiosos sobre suas preferências e valores, permitindo uma tomada de decisão mais informada e inclusiva.

Para realizar uma análise abrangente das preferências e valores dos atores envolvidos nas políticas públicas, é recomendável utilizar uma combinação de métodos qualitativos e quantitativos. Entrevistas, grupos focais, pesquisas de opinião e análise documental são algumas das ferramentas que podem ser empregadas nesse processo. É importante também considerar as diferenças contextuais e culturais que influenciam as preferências e valores dos atores, levando em conta a diversidade existente em cada contexto específico (Almeida, 2008).

Em suma, a análise das preferências e valores dos atores envolvidos no processo de formulação das políticas públicas é essencial para compreender as motivações e interesses que influenciam as decisões políticas. Ao considerar uma variedade de abordagens teóricas e utilizar métodos de pesquisa adequados, é possível obter uma visão mais completa das dinâmicas políticas e promover a formulação de políticas mais eficazes e inclusivas.

4.1.1 Contribuições de brasileiros na análise dos objetivos

Diversos autores se destacam na análise dos objetivos e finalidades das políticas públicas. Todavia, devemos destacar autores como Maria das Graças Rua (2010) e Maria Rita Loureiro (2015), que discutem a importância da definição dos objetivos das políticas públicas com base em critérios de equidade e justiça social.

Rua argumenta que é necessário considerar a diversidade de interesses e necessidades da sociedade para estabelecer metas que promovam a inclusão e a redução das desigualdades. Por sua vez, Loureiro destaca a relevância da participação cidadã na definição dos objetivos das políticas públicas, buscando incorporar as vozes dos grupos historicamente marginalizados.

Maria das Graças Rua e Maria Rita Loureiro são autoras brasileiras que contribuem para a discussão sobre a importância da definição dos objetivos das políticas públicas com base em critérios de equidade e justiça social. Elas enfatizam a necessidade de considerar os impactos dessas políticas nos grupos mais vulneráveis e desfavorecidos da sociedade, buscando promover a inclusão e reduzir as desigualdades.

Maria das Graças Rua, em seu livro "Políticas Públicas e Equidade Social: Conhecimento e Práticas", destaca a relevância de uma abordagem inclusiva na formulação de políticas públicas. Segundo a autora, a equidade deve ser considerada como um princípio fundamental na definição dos objetivos das políticas, garantindo que os recursos e benefícios sejam distribuídos de forma justa entre os diferentes grupos sociais. Ela argumenta que a equidade não se trata apenas de igualdade de oportunidades, mas também da necessidade de reconhecer as desigualdades existentes e buscar ações afirmativas para corrigi-las.

> A equidade não pode ser um princípio secundário, mas uma dimensão fundamental das políticas públicas. Ela se manifesta na preocupação com a igualdade de oportunidades, no reconhecimento das desigualdades existentes e na busca de ações afirmativas que assegurem a inclusão social e a redistribuição dos recursos e benefícios de forma justa (Rua, 2010).

Por sua vez, Maria Rita Loureiro, em seu trabalho "Justiça Ambiental e Sustentabilidade: Interfaces entre Políticas Públicas e Participação Social", aborda a importância de integrar a dimensão ambiental às políticas públicas com critérios de justiça social.

A autora argumenta que a sustentabilidade deve ser entendida de forma ampla, considerando não apenas a preservação do meio ambiente, mas também a promoção da justiça social e a melhoria das condições de vida das populações mais vulneráveis. Ela defende a necessidade de uma abordagem participativa, em que os diferentes atores envolvidos tenham a oportunidade de influenciar as decisões e contribuir para a definição dos objetivos das políticas.

> A justiça ambiental só pode ser alcançada se houver uma participação efetiva dos atores envolvidos no processo de formulação das políticas. Além disso, é fundamental integrar a dimensão ambiental às questões de justiça social, reconhecendo que a sustentabilidade deve ser abordada de forma ampla, considerando as desigualdades existentes e buscando soluções que promovam a equidade (Loureiro, 2013).

Ambas as autoras ressaltam a importância de considerar critérios de equidade e justiça social na definição dos objetivos das políticas públicas. Elas defendem a necessidade de uma abordagem inclusiva, que leve em conta as desigualdades existentes e busque a igualdade de oportunidades e a distribuição justa dos recursos e benefícios.

Essa perspectiva é fundamental para garantir que as políticas públicas sejam efetivas na promoção do bem-estar social e na redução das disparidades entre os diferentes grupos da sociedade.

Essas contribuições das autoras brasileiras destacam a importância de considerar os princípios de equidade e justiça social na definição dos objetivos das políticas públicas, visando promover uma sociedade mais inclusiva e igualitária.

Também devemos destacar a contribuição de Eduardo Salles-Filho (2014), pesquisador brasileiro, em seu trabalho "Avaliação de Políticas Públicas: Conceitos, Métodos e Experiências", ressalta a importância da abordagem baseada em evidências no contexto brasileiro. Ele argumenta que a utilização de dados e informações científicas é essencial para aprimorar a efetividade das políticas públicas e promover o desenvolvimento sustentável.

4.1.2 Contribuições internacionais na análise dos objetivos

Na literatura internacional podemos destacar contribuições significativas de autores, como Michael Howlett

(2011) e M. Ramesh (2004), que abordam a importância de estabelecer objetivos claros e mensuráveis para as políticas públicas, destacando a necessidade de coerência e consistência entre os objetivos propostos e os recursos disponíveis para sua implementação. Eles ressaltam a importância de um processo de seleção criterioso para evitar a dispersão de esforços e garantir a efetividade das políticas.

Sozinhos, ou em parcerias, Michael Howlett e M. Ramesh (2017), são dois renomados autores que contribuíram significativamente para o campo das políticas públicas, abordando a importância de estabelecer objetivos claros e mensuráveis para essas políticas. Suas idéias destacam a necessidade de coerência e consistência entre os objetivos propostos e os recursos disponíveis para sua implementação. A seguir, apresentarei um resumo das principais idéias e suas contribuições.

Em relação à importância de estabelecer objetivos claros e mensuráveis, Howlett argumenta que isso é essencial para garantir o sucesso das políticas públicas. Em sua obra "Policy Design: Concepts and Approaches" (2011), ele enfatiza a necessidade de definir objetivos de maneira precisa e identificar indicadores para medir seu progresso. Segundo ele, isso permite uma avaliação mais precisa dos resultados das políticas e aprimora a tomada de decisões futuras.

Ramesh, por sua vez, em seu livro "Policy Making in an Era of Globalization: Domestic Responses to Global Challenges" (2004), destaca a importância da coerência e consistência entre os objetivos e os recursos disponíveis. Ele argumenta que muitas vezes há uma desconexão entre o que as políticas públicas pretendem alcançar e os recursos efetivamente alocados para sua implementação. Essa falta de alinhamento compromete a eficácia das políticas e pode levar a resultados insatisfatórios.

Ambos os autores ressaltam a necessidade de uma abordagem realista na definição de objetivos, levando em consideração as restrições e limitações dos recursos disponíveis. Howlett destaca a importância de um processo de formulação de políticas baseado em evidências e análise de custo-benefício, enquanto Ramesh enfatiza a importância de considerar os fatores políticos e econômicos que afetam a alocação de recursos.

Em síntese, as contribuições de Michael Howlett e M. Ramesh destacam a importância de estabelecer objetivos claros e mensuráveis nas políticas públicas, bem como a necessidade de coerência e consistência entre esses objetivos e os recursos disponíveis.

Suas obras fornecem insights valiosos para pesquisadores e formuladores de políticas interessados em aprimorar o processo de formulação e implementação de políticas públicas.

Outra perspectiva relevante é a abordagem baseada em evidências, que enfatiza a importância de embasar a definição dos objetivos das políticas públicas em dados e informações científicas. Autores como Peter John e Oliver James (2018) defendem a adoção de abordagens baseadas em resultados, buscando estabelecer metas que sejam passíveis de mensuração e avaliação.

A abordagem baseada em evidências é uma perspectiva que enfatiza a importância de embasar a definição dos objetivos das políticas públicas em dados e informações científicas. Nesse sentido, busca-se utilizar evidências empíricas, pesquisas e análises rigorosas para fundamentar as decisões políticas e maximizar a efetividade das políticas implementadas.

Autores de diferentes países têm contribuído para o desenvolvimento dessa abordagem, fornecendo diretrizes e reflexões sobre como incorporar a evidência na formulação de políticas.

Carol Weiss, em seu livro "Evaluation: Methods for Studying Programs and Policies" (1998), argumenta que a utilização de evidências na formulação de políticas é fundamental para garantir que as decisões sejam informadas e baseadas em informações confiáveis. Ela destaca a importância de avaliações sistemáticas e análises de impacto para embasar as escolhas políticas.

Mark Bovens e Paul 't Hart, em seu livro "Understanding Policy Fiascos" (2011), discutem a importância da abordagem baseada em evidências na prevenção de erros de política. Eles argumentam que a análise cuidadosa de evidências e o aprendizado com experiências passadas são cruciais para evitar a repetição de erros e melhorar a tomada de decisão política.

Esses autores ressaltam a importância de utilizar evidências em diferentes estágios do processo de formulação de políticas, desde a identificação de problemas e objetivos até a avaliação de resultados e impactos. Eles argumentam que a incorporação de dados e informações científicas pode contribuir para aprimorar a efetividade, eficiência e equidade das políticas públicas.

4.1.3 Abordagens e teorias de análises

Uma das teorias para explicar os objetivos das políticas públicas é a abordagem baseada em evidências, na qual os formuladores de políticas são encorajados a buscar dados confiáveis, realizar análises rigorosas e considerar a pluralidade de perspectivas e conhecimentos especializados. Isso pode ajudar a reduzir a influência de interesses particulares e ideologias na definição dos objetivos das políticas e promover uma abordagem mais racional e informada.

A abordagem baseada em evidências enfatiza a importância de embasar a definição dos objetivos das políticas públicas em dados e informações científicas. Ela busca maximizar a efetividade das políticas, promover o aprendizado com experiências passadas e evitar erros de política.

Autores como Carol Weiss (1998), Eduardo Salles-Filho (2014), Mark Bovens e Paul 't Hart (2019) têm contribuído para o desenvolvimento dessa abordagem, fornecendo diretrizes e reflexões sobre sua aplicação em diferentes contextos, incluindo o Brasil.

Além dessa perspectiva, há ainda outras abordagens a serem consideradas no estudo dos objetivos e finalidades das políticas públicas, como a teoria dos sistemas, a teoria da escolha pública e a teoria do ciclo de políticas.

Essas abordagens oferecem diferentes insights sobre como os objetivos são definidos e quais fatores influenciam esse processo.

A teoria dos sistemas é uma abordagem teórica que se baseia na compreensão das políticas públicas como sistemas complexos compostos por vários elementos interconectados. Essa perspectiva enfatiza a interdependência entre os atores, instituições e variáveis que influenciam a definição e implementação das políticas públicas, buscando compreender as relações entre esses elementos e como eles afetam os objetivos e finalidades das políticas.

Um dos principais expoentes da teoria dos sistemas é Niklas Luhmann, sociólogo alemão. Em sua obra "Sistemas Sociais: Fundamentos de uma Teoria Geral" (1987), ele discute a importância de entender as políticas públicas como sistemas autônomos que operam de acordo com suas próprias regras e lógicas. Este autor argumenta que os objetivos das políticas são definidos pela própria dinâmica do sistema, que busca manter sua estabilidade e equilíbrio interno.

No contexto brasileiro, o sociólogo e cientista político Sérgio Abranches (2014) também contribui com a teoria dos sistemas aplicada às políticas públicas. Em sua obra "Presidencialismo de Coalizão: Raízes e Evolução do Modelo Político Brasileiro", Abranches discute como as coalizões de diferentes atores políticos e partidos influenciam a definição dos objetivos das políticas públicas no Brasil. Ele destaca a importância de entender as interações entre os atores políticos e a dinâmica da coalizão para compreender as finalidades das políticas.

Outro autor brasileiro que aborda a teoria dos sistemas no estudo das políticas públicas é Carlos Matus. Em sua obra "Política, Planejamento e Governo", Matus (1993) desenvolve o conceito de "governabilidade" como um sistema que envolve a capacidade do Estado de articular e coordenar os diferentes atores e recursos para alcançar os objetivos das políticas públicas. Ele destaca a importância de uma abordagem sistêmica para compreender os desafios e potenciais das políticas governamentais.

Esses autores e suas obras oferecem perspectivas fundamentais para entender a teoria dos sistemas aplicada às políticas públicas. Suas contribuições destacam a importância de considerar a complexidade das interações entre os atores, instituições e variáveis envolvidos nos processos de formulação e implementação das políticas, e como essas dinâmicas influenciam os objetivos e finalidades das políticas públicas.

Outra abordagem relevante é a teoria da escolha pública, a qual enfatiza a análise econômica aplicada à política pública. Ela se baseia na idéia de que os atores políticos são motivados por interesses próprios e buscam maximizar suas utilidades. Nesse contexto, os objetivos das políticas públicas são vistos como resultado de escolhas racionais feitas pelos atores políticos, levando em consideração custos e benefícios.

Um dos principais autores associados à teoria da escolha pública é James M. Buchanan, ganhador do Prêmio Nobel de Economia em 1986. Em seu livro "The Calculus of Consent: Logical Foundations of Constitutional Democracy" (1962), escrito em parceria com Gordon Tullock, Buchanan explora a aplicação dos princípios econômicos à política e argumenta que as decisões políticas devem ser analisadas a partir de uma perspectiva de troca voluntária entre indivíduos.

Outro autor relevante é Anthony Downs, autor do livro "An Economic Theory of Democracy" (1957). Ele desenvolveu a teoria do eleitor mediano, argumentando que os políticos tendem a adotar posições que visam atrair o eleitor mediano, com o objetivo de maximizar suas chances de reeleição.

No contexto brasileiro, um autor importante que contribuiu para o estudo da teoria da escolha pública é Aloisio Teixeira. Em seu livro "Economia Política das Políticas Públicas" (1997), ele discute a aplicação dos princípios econômicos à análise das políticas públicas no Brasil.

É importante destacar que a teoria da escolha pública tem sido objeto de críticas e debates acadêmicos. Alguns argumentam que ela pode simplificar demais a complexidade do processo político e desconsiderar outros fatores relevantes, como valores e normas sociais.

Outra teoria conhecida, é a teoria do ciclo de políticas, cuja abordagem busca entender o processo de formulação e implementação das políticas públicas ao longo do tempo. Ela se baseia na idéia de que as políticas públicas passam por diferentes estágios sequenciais, formando um ciclo que inclui a identificação do problema, a formulação da política, a tomada de decisão, a implementação, a avaliação e o possível redesenho da política.

Um dos principais modelos teóricos do ciclo de políticas é o modelo de John W. Kingdon, apresentado em seu livro "Agendas, Alternatives, and Public Policies". Segundo Kingdon (2014), o ciclo de políticas é influenciado por três fluxos independentes: o fluxo de problemas, o fluxo de políticas e o fluxo de políticas públicas. Ele argumenta que a convergência desses três fluxos é essencial para a adoção de uma política pública.

Outro autor relevante é Peter John, autor do livro "Analysing Public Policy" (2012). Ele aborda o ciclo de políticas como um processo contínuo e complexo, destacando a importância da interação entre atores políticos e o contexto político e institucional na formulação e implementação das políticas.

É importante ressaltar que a teoria do ciclo de políticas também tem sido objeto de críticas e debates acadêmicos. Alguns argumentam que ela pode simplificar demais a realidade política e desconsiderar a influência de fatores externos, como pressões sociais e interesses de diferentes grupos.

4.2 Instrumentos de políticas públicas

Os instrumentos de políticas públicas são as ferramentas e mecanismos utilizados pelos governos para implementar as políticas e alcançar os objetivos estabelecidos. Esses instrumentos podem variar de acordo com a natureza do problema, o contexto político e econômico, e as preferências dos atores envolvidos.

A seguir, detalhamos alguns dos principais tópicos relacionados aos instrumentos de políticas públicas:

Regulação: A regulação refere-se à criação de regras e normas que governam o comportamento de indivíduos e organizações. Ela pode ser utilizada para proteger a segurança pública, promover a concorrência econômica, regular atividades ambientais, entre outros. Autores como David Levi-Faur e Martin Lodge (2017) têm contribuído para o estudo da regulação como um instrumento de políticas públicas.

Incentivos econômicos: Os incentivos econômicos são utilizados para influenciar o comportamento dos indivíduos por meio de estímulos financeiros, como subsídios, impostos e taxas. Esses incentivos visam encorajar determinados comportamentos desejados ou desestimular comportamentos indesejados. Autores como Richard Thaler e Cass Sunstein (2009) discutem a importância dos incentivos econômicos na formulação de políticas públicas.

Planejamento e gestão: O planejamento e a gestão são instrumentos que envolvem o estabelecimento de metas, a alocação de recursos, a coordenação de ações e a monitorização dos resultados. Autores como Peter Drucker (1999) e Carlos Matus (1993) têm discutido a importância do planejamento e da gestão eficiente na implementação de políticas públicas.

Parcerias e colaboração: As parcerias e a colaboração entre governo, setor privado e sociedade civil são instrumentos cada vez mais utilizados na implementação de políticas públicas. Essas parcerias podem envolver a cooperação na alocação de recursos, a troca de conhecimento e expertise, e o compartilhamento de responsabilidades. Autores como Chris Ansell e Alison Gash (2018) têm contribuído para o estudo das parcerias e da colaboração na implementação de políticas públicas.

Comunicação e mobilização social: A comunicação e a mobilização social são instrumentos importantes para informar e engajar os cidadãos no processo de implementação das políticas públicas. Através de estratégias de comunicação eficazes e da participação da sociedade civil, é possível criar apoio público, obter feedback e promover a transparência. Vários autores, como Daniel C. Hallin e Paolo Mancini (2004), discutem a influência da mídia e da comunicação na implementação das políticas públicas.

É importante ressaltar que a escolha dos instrumentos depende do contexto específico de cada política e requer uma análise cuidadosa das necessidades, recursos e restrições envolvidas.

4.2.1 Tipos de instrumentos de políticas públicas

Existem vários instrumentos relevantes utilizados na execução das políticas públicas. A seguir, citaremos alguns deles:

Subsídios e transferências: Os subsídios e as transferências são instrumentos utilizados pelo governo para fornecer apoio financeiro a determinados setores ou grupos da sociedade. Esses instrumentos podem ser utilizados para promover o desenvolvimento econômico, reduzir desigualdades sociais ou incentivar determinadas atividades (Arretche, 2012).

Políticas de incentivo: Além dos incentivos econômicos mencionados anteriormente, existem outras formas de políticas de incentivo, como prêmios, reconhecimentos e benefícios não financeiros. Esses instrumentos visam estimular comportamentos desejados por meio de recompensas ou reconhecimentos (Ariely, 2010).

Políticas de regulação comportamental: Essas políticas se baseiam em insights da economia comportamental e da psicologia para influenciar o comportamento dos indivíduos. Elas exploram aspectos como a tomada de decisões irracionais, vieses cognitivos e heurísticas para projetar intervenções que promovam escolhas mais benéficas (Thaler, 2015).

Parcerias público-privadas: As parcerias público-privadas (PPPs) são formas de colaboração entre o setor público e o setor privado para a implementação de projetos e serviços públicos. Essas parcerias envolvem a combinação de recursos, expertise e responsabilidades, visando alcançar resultados eficientes e inovadores (Savas, 2000; United Nations, 2012).

Políticas de informação e educação: Essas políticas visam fornecer informações claras, acessíveis e confiáveis para os cidadãos, capacitando-os a tomar decisões informadas. Isso pode incluir campanhas de conscientização, programas de educação pública e divulgação de dados relevantes (World Health Organization, 2013).

Políticas de capacitação e treinamento: Essas políticas têm como objetivo capacitar os atores envolvidos na implementação das políticas públicas, fornecendo-lhes as habilidades e conhecimentos necessários para desempenhar suas funções de forma eficaz. Isso pode envolver programas de treinamento, desenvolvimento de competências e compartilhamento de melhores práticas (Bason, 2017).

Políticas de avaliação e monitoramento: A avaliação e o monitoramento são instrumentos essenciais para verificar o progresso e os resultados das políticas públicas. Isso permite ajustes e melhorias ao longo do tempo, garantindo que as políticas sejam eficazes e atinjam seus objetivos (Weiss, 1998).

Políticas de subsídio cruzado: Essas políticas envolvem o uso de recursos de um setor ou grupo para subsidiar outro setor ou grupo. Elas visam equilibrar desigualdades e promover a redistribuição de recursos de maneira mais eficiente. Um exemplo seria o uso de recursos provenientes da tributação de setores mais lucrativos para subsidiar programas sociais em setores de maior vulnerabilidade (Besley & Coate, 2003).

Parcerias estratégicas: Essas parcerias envolvem a colaboração entre diferentes atores, como governos, empresas, organizações da sociedade civil e comunidades locais, para a implementação de políticas públicas. Elas visam aproveitar as competências e recursos de cada parceiro para alcançar objetivos comuns. Essas parcerias podem ocorrer em diferentes níveis, desde o local até o internacional, e são fundamentadas na cooperação e na busca de soluções conjuntas (Sørensen & Torfing, 2019).

Políticas de prevenção: Essas políticas têm como objetivo evitar ou minimizar problemas antes que eles ocorram, em vez de lidar com as consequências após o surgimento do problema. Elas envolvem estratégias como campanhas de conscientização, educação, promoção da saúde e segurança, e implementação de medidas de proteção e mitigação de riscos. Essas políticas são fundamentais para reduzir custos futuros e promover o bem-estar da sociedade (Birkland, 2015).

Inovação e tecnologia: O avanço tecnológico tem um impacto significativo nas políticas públicas, abrindo novas possibilidades e desafios. O uso de tecnologias como inteligência artificial, big data e blockchain pode facilitar a coleta de dados, a tomada de decisões baseadas em evidências e a implementação eficiente de políticas. Além disso, a promoção da inovação em políticas públicas permite a experimentação de novas abordagens e soluções para problemas complexos (Deakin & Reid, 2019).

Políticas de incentivo social: Essas políticas visam incentivar comportamentos positivos na sociedade por meio de recompensas, reconhecimento e promoção de valores sociais. Elas buscam influenciar as atitudes e comportamentos dos cidadãos de forma positiva, promovendo a responsabilidade social, a cidadania ativa e a participação em ações coletivas (Ariely, 2012).

4.3 Escalas de intervenção

As escalas de intervenção das políticas públicas são comumente classificadas como local, regional, nacional e global. Todavia, esta classificação é explorada as diferentes abordagens e variáveis relacionadas aos níveis de atuação. Essas escalas de intervenção se referem aos diferentes espaços geográficos em que as políticas públicas são formuladas, implementadas e avaliadas.

4.3.1 Escala Local

A escala local envolve as políticas públicas voltadas para uma área geográfica específica, como uma cidade, bairro ou comunidade. Nesse contexto, é dada ênfase às necessidades e demandas locais, considerando-se a proximidade entre governantes e cidadãos (Ribeiro & Dallabrida, 2018).

Os fatores que influenciam as políticas públicas em escala local incluem as características demográficas, socioeconômicas e culturais da população local, as relações entre atores locais (governos municipais, organizações da sociedade civil, empresas locais, etc.), e as dinâmicas políticas e institucionais do local.

4.3.2 Escala Regional

A escala regional refere-se às políticas públicas voltadas para uma região geográfica mais ampla, que engloba múltiplos municípios, estados ou até mesmo países. Nesse contexto, busca-se promover a cooperação e a integração entre diferentes governos e atores regionais (Paes & Mendes, 2017).

As variáveis que influenciam as políticas públicas em escala regional incluem a interdependência entre os diferentes territórios, os interesses e demandas comuns da região, a existência de acordos e parcerias entre os governos locais e regionais, e a coordenação de recursos e esforços para enfrentar desafios regionais.

4.3.3 Escala Nacional

A escala nacional se refere às políticas públicas implementadas em todo o território de um país, abrangendo as diversas regiões e localidades. Nesse contexto, busca-se promover a coesão social, a igualdade de oportunidades e o desenvolvimento equilibrado em todo o país (Bresser-Pereira, 2016).

As variáveis que influenciam as políticas públicas em escala nacional incluem a diversidade cultural e socioeconômica do país, as dinâmicas políticas e institucionais nacionais, a coordenação entre diferentes níveis de governo (federal, estadual e municipal), e a participação e representatividade dos diversos grupos e regiões do país.

4.3.4 Escala Global

A escala global diz respeito às políticas públicas que transcendem as fronteiras nacionais e são implementadas em nível internacional. Nesse contexto, busca-se abordar desafios globais, como mudanças climáticas, migração, comércio internacional e direitos humanos (Hufty, 2019).

As variáveis que influenciam as políticas públicas em escala global incluem a cooperação entre os países, os acordos e tratados internacionais, a atuação de organizações e instituições internacionais, e a influência de atores não estatais, como empresas multinacionais e organizações da sociedade civil.

4.3.5 Fatores intervenientes das escalas

Esses tópicos e abordagens relacionados às diferentes escalas de intervenção destacam a importância de considerar o contexto geográfico em que as políticas públicas são formuladas e implementadas. Cada escala possui características e desafios próprios, e é necessário adaptar as abordagens e estratégias de acordo com as particularidades de cada nível de atuação.

É importante ressaltar que as políticas públicas podem ocorrer em múltiplas escalas simultaneamente, com interações e interdependências entre os diferentes níveis. Por exemplo, uma política pública nacional pode impactar diretamente as políticas locais e regionais, e vice-versa (Santos & Avritzer, 2019).

Dentre as variáveis que influenciam as políticas públicas em cada escala, destacam-se fatores como características demográficas, socioeconômicas e culturais, dinâmicas políticas e institucionais, interesses e demandas específicas, relações entre atores, coordenação de recursos e esforços, e participação e representatividade dos diferentes grupos e regiões.

Ao discutir as escalas de intervenção das políticas públicas, é importante considerar diversas variáveis que influenciam o processo decisório e a implementação das políticas em diferentes níveis. Além das variáveis mencionadas anteriormente, existem outros fatores relevantes a serem considerados.

A capacidade institucional é um desses fatores cruciais em cada escala de intervenção. Autores como O'Donnell (1993) destacam a importância de instituições eficientes e responsivas para a implementação eficaz das políticas públicas. No contexto brasileiro, Bresser-Pereira (1996) enfatiza a necessidade de reformas institucionais para fortalecer o Estado e melhorar a capacidade de formulação e implementação das políticas públicas.

O contexto socioeconômico também desempenha um papel significativo nas políticas públicas em diferentes escalas. Autores como Acemoglu e Robinson (2012) destacam a importância das condições econômicas e sociais para o sucesso das políticas. No Brasil, Pochmann (2014) analisa as desigualdades regionais e suas implicações para a formulação de políticas públicas em níveis subnacionais.

A diversidade cultural é outro aspecto relevante. Autores como Sen (2006) enfatizam a importância de políticas públicas que levem em consideração as diferentes necessidades e valores das comunidades. No contexto brasileiro, Santos (2014) aborda a diversidade cultural e a necessidade de políticas públicas inclusivas para grupos marginalizados.

A capacidade de articulação e cooperação entre os atores envolvidos também é fundamental. Autores como Serra (2006) destacam a importância da governança multinível e da cooperação entre diferentes níveis de governo na implementação de políticas públicas. No Brasil, Abrucio (2007) analisa a interação entre governo federal, estados e municípios na implementação de políticas públicas.

Por fim, as dinâmicas políticas em cada escala de intervenção são cruciais. Autores como Sabatier e Jenkins-Smith (1999) enfatizam a importância das coalizões políticas e dos processos de negociação na formulação das políticas públicas. No contexto brasileiro, Santos (2013) analisa as relações de poder e os interesses políticos envolvidos nas políticas públicas.

Essas variáveis e abordagens teóricas são apenas algumas das muitas que podem ser consideradas ao discutir as escalas de intervenção das políticas públicas. É importante realizar uma revisão abrangente da literatura para compreender a diversidade de perspectivas e contribuições nesse campo.

4.4 Contexto político e institucional

O contexto político e institucional desempenha um papel fundamental na formulação, implementação e avaliação das políticas públicas. Compreender as características políticas e institucionais de um país ou região é essencial para analisar como os atores interagem, quais são as restrições e possibilidades existentes, e como as políticas públicas são moldadas e influenciadas, considerando fatores como o sistema político, a governança, as estruturas institucionais e as relações de poder.

Várias teorias surgiram no campo de estudo das políticas públicas para explicar os diferentes contextos que influenciam e determinam as características, promotores e resultados destas políticas públicas. Passaremos a seguir para uma análise mais detalhadas de algumas destas teorias.

4.4.1 Teorias dos contextos políticos

Dentro da análise do contexto político e institucional das políticas públicas, várias abordagens teóricas são relevantes. A teoria institucional, por exemplo, destaca a importância das estruturas institucionais formais e informais na determinação das regras do jogo político e na influência sobre as escolhas dos atores. Autores como Thelen (1999), Hall e Taylor (1996) enfatizam que as instituições moldam as interações políticas e os processos de tomada de decisão, influenciando o comportamento dos atores e as trajetórias das políticas públicas.

A teoria institucional é uma abordagem importante para a análise do contexto político e institucional das políticas públicas. Ela destaca a importância das estruturas institucionais formais e informais na determinação das regras do jogo político e na influência sobre as escolhas dos atores envolvidos. Essas estruturas institucionais moldam as interações políticas e os processos de tomada de decisão, afetando os comportamentos dos atores e toda trajetória das políticas públicas (Pierson, 2004).

Na teoria institucional, as instituições são consideradas como "regras do jogo" que definem as interações entre os atores políticos e estabelecem as restrições e oportunidades para a ação. Elas podem ser formais, como as leis, regulamentos e estruturas burocráticas, ou informais, como as normas sociais, tradições e costumes. Ambas desempenham um papel importante na definição das regras e procedimentos que moldam o processo político e a ação dos atores (Costa, 2007).

Autores como Thelen (1999), Hall e Taylor (1996) são referências-chave na teoria institucional e têm contribuído para o desenvolvimento dessa abordagem. Thelen (1999) destaca a importância das instituições informais, argumentando que elas desempenham um papel fundamental na coordenação e na estabilidade política, influenciando o comportamento dos atores e moldando as escolhas políticas. Hall e Taylor (1996) propõem uma abordagem chamada de "três novos institucionalismos", que engloba o institucionalismo histórico, o institucionalismo sociológico e o institucionalismo racional. Esses autores destacam a importância de analisar as instituições tanto em sua dimensão formal quanto em sua dimensão cultural, considerando os processos históricos e as relações de poder que as moldam.

No contexto político e institucional das políticas públicas, a teoria institucional enfatiza que as estruturas institucionais influenciam as escolhas dos atores, os padrões de interação e as possibilidades de mudança política. As instituições podem criar incentivos e restrições que moldam as preferências dos atores e limitam as opções disponíveis. Além disso, elas também podem influenciar a capacidade de implementação das políticas, determinando a alocação de recursos, as responsabilidades institucionais e os mecanismos de coordenação.

Além das estruturas institucionais, outros fatores relevantes no contexto político e institucional das políticas públicas incluem as relações de poder, as coalizões políticas, a cultura política e os processos de mudança institucional. Esses fatores podem influenciar as decisões de políticas públicas, a interação entre os atores e os resultados das políticas implementadas.

Outra abordagem relevante é a teoria dos regimes políticos, que analisa os diferentes sistemas políticos e suas implicações para as políticas públicas. Autores como Dahl (1971) e Linz e Stepan (1996) argumentam que as características do sistema político, como a competição política, os mecanismos de responsabilidade e a distribuição de poder, afetam o processo de formulação e implementação das políticas públicas.

A teoria dos regimes políticos é uma abordagem que analisa os diferentes sistemas políticos e suas implicações para as políticas públicas. Essa teoria busca compreender como as características e os arranjos institucionais de um regime político influenciam a forma como as políticas são formuladas, implementadas e avaliadas.

Uma das principais contribuições dessa teoria é a distinção entre regimes democráticos e regimes autoritários. Nos regimes democráticos, há uma maior participação e representação dos cidadãos na tomada de decisões políticas, enquanto nos regimes autoritários o poder está concentrado nas mãos de poucos indivíduos ou grupos.

Autores como Robert Dahl e Juan Linz são referências importantes nessa teoria. Dahl, em sua obra "Polyarchy: Participation and Opposition" (1971), desenvolveu o conceito de poliarquia, que descreve as características de um regime político democrático. Linz, por sua vez, em seu livro "Totalitarian and Authoritarian Regimes" (1975), analisa os regimes autoritários e as diferentes formas de exercício do poder nesses contextos.

4.4.2 Variáveis e fatores de influência

Diversas variáveis e fatores de influência podem ser considerados ao analisar o contexto político e institucional das políticas públicas. Alguns exemplos incluem:

Sistema político: A estrutura do sistema político, como o tipo de regime (democrático, autoritário, híbrido), o sistema de governo (presidencialismo, parlamentarismo) e o grau de fragmentação partidária, podem afetar a dinâmica política e a capacidade de formulação e implementação de políticas públicas.

Instituições formais e informais: As instituições, tanto as formais (leis, regras, burocracia) quanto as informais (normas sociais, cultura política), desempenham um papel crucial na determinação das regras e procedimentos que moldam o processo político e a ação dos atores (Thelen, 1999).

Relações de poder e coalizões: As relações de poder entre os atores políticos e os arranjos de coalizões são fatores importantes para entender como as políticas públicas são formuladas e implementadas. A formação de coalizões governamentais, as relações entre o Executivo e o Legislativo, e as influências dos grupos de interesse podem influenciar as escolhas políticas e as decisões de políticas públicas.

Cultura política: A cultura política de uma sociedade, compostapor valores, crenças e atitudes compartilhadas, também pode influenciar as políticas públicas. Autores como Almond e Verba (1980) destacam a importância da cultura política na formação de preferências políticas e na orientação das ações dos atores políticos.

Contexto econômico e social: O contexto econômico e social em que as políticas públicas são formuladas e implementadas também desempenha um papel significativo. Fatores como níveis de desenvolvimento econômico, desigualdades sociais, demografia e condições socioeconômicas podem influenciar as prioridades e as necessidades percebidas, afetando assim as políticas públicas adotadas.

Capítulo 5

Análise de Casos

Neste capítulo vamos abordar a análise de casos práticos como uma ferramenta essencial para compreender a dinâmica das políticas públicas na prática. Neste capítulo, iremos explorar estudos de caso reais, que apresentam desafios, dilemas e lições aprendidas na formulação, implementação e avaliação de políticas públicas em diferentes contextos.

A análise de casos práticos é uma abordagem amplamente utilizada na área de políticas públicas, pois permite examinar de forma detalhada como as políticas são concebidas, implementadas e seus resultados. Essa abordagem nos ajuda a compreender os fatores políticos, sociais, econômicos e institucionais que influenciam a efetividade das políticas públicas, assim como os desafios enfrentados e as estratégias adotadas para superá-los.

No decorrer deste capítulo, examinaremos casos práticos de políticas públicas em diferentes áreas, como saúde, educação, meio ambiente, segurança pública.

Além disso, iremos explorar diferentes abordagens teóricas e metodológicas para a análise de casos práticos. Isso inclui o uso de ferramentas como estudos de caso comparativos, análise de processos de implementação, avaliação de impacto, entre outras. Ao combinar teoria e prática, seremos capazes de extrair lições valiosas e insights para melhorar a formulação e implementação de políticas públicas.

Neste capítulo, também daremos destaque a estudos de caso brasileiros, buscando abordar questões relevantes para a realidade do país. Autores nacionais renomados, como Maria Hermínia Tavares de Almeida, Bolívar Lamounier, entre outros, fornecerão contribuições importantes para a análise dos casos práticos apresentados.

Agora vamos mergulhar na análise de casos práticos de políticas públicas, a fim de aprofundar nosso conhecimento sobre os desafios e oportunidades enfrentados na implementação das políticas e aprimorar nossa capacidade de tomar decisões informadas e baseadas em evidências. Ao explorar esses casos, poderemos adquirir insights valiosos e contribuir para o desenvolvimento de políticas públicas mais efetivas e impactantes.

5.1 Estudo de políticas públicas em diferentes áreas

Iremos agora explorar estudos de casos práticos de políticas públicas em diferentes áreas temáticas, como saúde, educação e meio ambiente. Esses estudos nos permitirão analisar as características, desafios e resultados de políticas implementadas em cada uma dessas áreas, oferecendo insights valiosos para compreender a dinâmica e os impactos das políticas públicas.

5.1.1 Políticas de Saúde

O estudo de políticas públicas na área da saúde nos permite examinar como os sistemas de saúde são estruturados, como as políticas de saúde são formuladas e implementadas, e quais os desafios enfrentados nesse setor. Questões como acesso aos serviços de saúde, financiamento, qualidade e equidade são abordadas nesses estudos de caso. Autores como Paulo Buss e Ligia Giovanella (2007) têm contribuído significativamente para o debate sobre políticas de saúde no contexto brasileiro.

Um exemplo relevante de estudo das políticas públicas de saúde no Brasil a partir de 2015 é a pesquisa realizada por Oliveira et al. (2017), intitulada "Análise das políticas públicas de saúde no Brasil: revisão integrativa". Neste estudo, os autores realizaram uma análise das diversas políticas públicas de saúde implementadas no país.

Um dos principais resultados encontrados pelos autores foi a identificação de avanços e desafios na implementação das políticas públicas de saúde. Eles destacaram, por exemplo, a importância da Estratégia Saúde da Família (ESF), do Sistema Único de Saúde (SUS), como um modelo de atenção primária efetivo, que tem contribuído para melhorar o acesso e a qualidade dos serviços de saúde. Além disso, os autores apontaram a necessidade de fortalecer a integração entre os níveis de atenção à saúde, aprimorar a gestão dos recursos e enfrentar desafios, como a judicialização da saúde.

O estudo identificou diferentes políticas públicas de saúde implementadas no país, abrangendo diversas áreas, como atenção primária, saúde da família, políticas de medicamentos, entre outras, identificando diversas características destas políticas, tais como:

Abordagem de atenção primária à saúde: Foi identificado que as políticas públicas de saúde no Brasil têm adotado uma abordagem de atenção primária como estratégia central. Isso inclui a valorização da saúde da família, a implementação de equipes de saúde da família e a promoção de práticas de prevenção e promoção da saúde.

Ênfase na promoção da equidade: As políticas públicas de saúde analisadas no estudo têm buscado promover a equidade no acesso aos serviços de saúde, visando reduzir as desigualdades sociais e regionais. Políticas como o Programa Bolsa Família e o Programa Mais Médicos foram destacados como estratégias voltadas para a promoção da equidade na saúde.

Enfoque em determinantes sociais da saúde: Foi observado que as políticas públicas de saúde têm considerado os determinantes sociais da saúde, como as condições de vida, a renda, a educação e o acesso a serviços básicos, como elementos importantes a serem abordados para melhorar a saúde da população.

Participação social: O estudo destacou a importância da participação da sociedade civil e dos usuários do sistema de saúde na formulação e implementação das políticas públicas de saúde. A participação social é considerada um elemento-chave para a construção de políticas mais inclusivas e efetivas.

Essas características evidenciam a importância de políticas públicas de saúde que buscam a equidade, a promoção da saúde e a participação da sociedade, visando melhorar a qualidade de vida e o acesso aos serviços de saúde no Brasil.

Destaque para a importância das políticas de saúde voltadas para a redução das desigualdades e promoção da equidade, como o Programa Bolsa Família e o Programa Mais Médicos.

A pesquisa também identificou vários desafios e lacunas nas políticas de saúde, como a falta de acesso universal e equitativo aos serviços de saúde, a má distribuição dos recursos e a necessidade de fortalecimento da atenção básica, bem como a necessidade de avaliação contínua e monitoramento das políticas de saúde para garantir sua efetividade e adequação às necessidades da população.

Também identificou o reconhecimento da importância da participação da sociedade civil e dos usuários do sistema de saúde na formulação e implementação das políticas públicas do setor.

Outro estudo relevante sobre políticas públicas de saúde no Brasil é o trabalho de Paim et al. (2018), intitulado "Políticas de saúde no Brasil em tempos de crise: problemas, desafios e perspectivas". Neste estudo, os autores discutem os impactos da crise econômica e política no setor da saúde e analisam as estratégias adotadas para enfrentar os desafios.

Neste trabalho foram apontados diversos resultados das políticas públicas de saúde no Brasil. Alguns dos principais resultados destacados foram:

Avanços na cobertura e acesso aos serviços de saúde: O estudo aponta que, ao longo das últimas décadas, houve uma ampliação significativa na cobertura e no acesso aos serviços de saúde no Brasil, principalmente por meio do Sistema Único de Saúde (SUS). Isso resultou em uma melhoria nos indicadores de saúde da população.

Redução da mortalidade infantil e aumento da expectativa de vida: Foi observado que as políticas de saúde implementadas contribuíram para a redução da mortalidade infantil e o aumento da expectativa de vida no país. Isso reflete os avanços no acesso aos serviços de saúde, nas políticas de prevenção e na melhoria das condições de vida da população.

Programas de saúde pública bem-sucedidos: O estudo demonstra alguns programas de saúde pública que tiveram vários resultados positivos, como o Programa Nacional de

Imunizações, que contribuiu para a erradicação de doenças e a redução da incidência de outras, e o Programa de Controle do HIV/AIDS, que ajudou a reduzir a taxa de mortalidade por AIDS.

Desigualdades regionais e sociais persistem: Apesar dos avanços, o estudo ressalta que ainda existem desigualdades regionais e sociais no acesso aos serviços de saúde no país. Essas desigualdades estão relacionadas a diferenças socioeconômicas, geográficas e étnico-raciais, que impactam a equidade no sistema de saúde.

Desafios diante da crise econômica e política: O trabalho ressalta que o Brasil enfrenta desafios significativos na área da saúde devido à crise econômica e política enfrentada pelo país. A redução de investimentos na saúde, a precarização do trabalho e a instabilidade política são aspectos que afetam a qualidade e a efetividade das políticas de saúde.

Esses resultados evidenciam os avanços e desafios das políticas de saúde no Brasil, destacando a importância de investimentos contínuos, enfrentamento das desigualdades e garantia de acesso equitativo aos serviços de saúde para a população.

Merece destaque o Programa de Controle do HIV/AIDS, como uma iniciativa importante para enfrentar a epidemia no Brasil.

De acordo com Paim et al. (2018), o Programa de Controle do HIV/AIDS no Brasil é uma política pública mais bem sucedidas para prevenir a disseminação do vírus HIV, oferecer tratamento adequado às pessoas infectadas e promover a qualidade de vida dos indivíduos afetados pela doença. O programa envolve ações de prevenção, diagnóstico, assistência e tratamento, além de políticas de promoção de direitos humanos e redução do estigma e discriminação.

Ao longo dos anos, o programa tem enfrentado desafios e alcançado avanços significativos. O acesso aos medicamentos antirretrovirais foi ampliado, permitindo que mais pessoas vivendo com HIV/AIDS tenham acesso ao tratamento adequado. Além disso, políticas de prevenção, como campanhas educativas, distribuição de preservativos e programas de redução de danos, têm contribuído para a redução da transmissão do vírus.

No entanto, o autor destaca que o programa também enfrenta desafios, como a necessidade de fortalecer as ações de prevenção, melhorar o diagnóstico precoce, garantir a adesão ao tratamento e enfrentar o estigma associado à doença. Além disso, questões relacionadas à desigualdade social, acesso aos serviços de saúde e vulnerabilidade de determinados grupos populacionais ainda são desafios a serem enfrentados.

Esses são apenas dois exemplos de estudos realizados no Brasil sobre políticas públicas de saúde a partir de 2015. Existem diversos outros estudos e pesquisas abordando diferentes aspectos, como financiamento, gestão, qualidade dos serviços e participação social. É importante ressaltar que as políticas públicas de saúde são um campo amplo e complexo, que envolve múltiplos atores e demanda constante análise e avaliação para melhorar o sistema de saúde como um todo.

5.1.2 Políticas de Educação

A análise de políticas públicas na área da educação abrange desde a formulação de diretrizes educacionais até sua implementação nos sistemas de ensino. Estudos de caso nesse campo nos permitem examinar políticas de inclusão, avaliação educacional, formação de professores e financiamento da educação. Autores como José Marcelino de Rezende Pinto (2015) e Maria Helena Guimarães de Castro (2004) têm realizado pesquisas relevantes sobre políticas educacionais no Brasil.

A obra "Políticas Educacionais: questões e dilemas" (2015) de José Marcelino de Rezende Pinto aborda diversos aspectos relacionados às políticas educacionais no Brasil.

Pinto analisa questões e dilemas enfrentados na formulação, implementação e avaliação dessas políticas, oferecendo uma visão crítica e reflexiva sobre o contexto educacional do país.

Ao longo do livro, Pinto destaca a importância da compreensão das políticas educacionais em sua complexidade, considerando os múltiplos atores, interesses e dinâmicas presentes nesse campo. Ele enfatiza a necessidade de uma abordagem crítica e contextualizada para compreender os desafios enfrentados e os impactos das políticas no sistema educacional.

O autor discute temas como a descentralização do ensino, a gestão escolar, a avaliação da educação, a formação de professores, a democratização do acesso à educação, entre outros. Ele analisa as políticas públicas implementadas ao longo dos anos e as mudanças no cenário educacional brasileiro, apontando avanços, desafios e contradições.

Um dos principais resultados destacados na obra é a necessidade de se superar os dilemas e desafios presentes nas políticas educacionais, buscando soluções que promovam a qualidade, a equidade e a inclusão no sistema educacional. Pinto ressalta a importância de uma visão crítica e reflexiva sobre as políticas, considerando suas implicações e possíveis consequências para a educação brasileira.

Em síntese, "Políticas Educacionais: questões e dilemas" apresenta uma análise aprofundada e crítica das políticas educacionais no Brasil, proporcionando uma visão abrangente dos principais desafios e dilemas enfrentados nesse campo. A obra contribui para o debate e a reflexão sobre a formulação e implementação de políticas que visam a melhoria da educação no país.

Já no artigo "Políticas públicas para a educação básica no Brasil: limites e possibilidades" de Maria Helena Guimarães de Castro, publicada em 2013 na revista Educação & Sociedade, aborda questões relacionadas às políticas públicas voltadas para a educação básica no contexto brasileiro. A autora analisa os limites e as possibilidades dessas políticas, buscando compreender seus impactos na garantia de uma educação de qualidade para todos.

Castro destaca a importância da educação básica como uma etapa fundamental para a formação dos indivíduos e para o desenvolvimento social e econômico do país. Ela discute os desafios enfrentados na formulação e implementação das políticas educacionais, considerando a complexidade do sistema educacional brasileiro e as desigualdades presentes.

Entre os tópicos abordados na obra, estão a expansão da oferta de vagas na educação básica, a universalização do acesso à escola, a qualidade do ensino, a formação e valorização dos profissionais da educação, a gestão escolar e a participação da comunidade. A autora analisa as políticas implementadas ao longo dos anos, examinando seus resultados e apontando os limites e as possibilidades para a melhoria da educação básica no país.

Um dos principais resultados apontados por Castro é a necessidade de políticas públicas mais efetivas e articuladas, que considerem as particularidades regionais e as demandas das diferentes escolas e comunidades. Ela ressalta a importância da valorização dos profissionais da educação, da promoção de práticas pedagógicas inovadoras e da garantia de recursos adequados para as escolas.

Além disso, a autora destaca a importância da participação da sociedade civil na formulação e no acompanhamento das políticas educacionais, enfatizando a necessidade de diálogo e articulação entre os diferentes atores envolvidos no processo educativo (Castro, 2013).

Em suma, "Políticas públicas para a educação básica no Brasil: limites e possibilidades" apresenta uma análise crítica das políticas educacionais voltadas para a educação básica no país. A obra contribui para o debate sobre os desafios e as perspectivas da educação básica, buscando fomentar reflexões e propostas que promovam uma educação de qualidade e equidade para todos os estudantes brasileiros.

5.1.3 Políticas de Meio Ambiente

A análise de políticas públicas voltadas para o meio ambiente nos permite compreender como os governos formulam e implementam estratégias de preservação ambiental, gestão de recursos naturais, enfrentamento das mudanças climáticas, dentre outros fatores socioambientais. Estudos de caso nessa área abordam questões como desmatamento, poluição, conservação da biodiversidade e desenvolvimento sustentável, etc..

No livro "Ecopolítica no Brasil: a busca da sustentabilidade", José Auguto Pádua (2018) aborda diversos tópicos relacionados à relação entre política, meio ambiente e sustentabilidade no contexto brasileiro. O autor busca analisar e compreender os desafios e as possibilidades de uma ecopolítica no país, considerando suas dimensões sociais, econômicas e ambientais.

Ao longo da obra, Pádua explora a importância da busca pela sustentabilidade em um país marcado por questões ambientais complexas e desafios socioeconômicos. Ele discute a necessidade de uma abordagem integrada e holística, que considere a interdependência entre os sistemas natural, social e econômico. O autor destaca a importância de políticas públicas que promovam a conservação dos recursos naturais, o uso sustentável dos ecossistemas e a justiça socioambiental.

Além disso, Pádua analisa o papel dos atores sociais e das instituições na promoção de uma ecopolítica no Brasil. Ele discute a importância da participação da sociedade civil, da articulação entre diferentes setores e da construção de coalizões e parcerias em prol da sustentabilidade. O autor também destaca a relevância do fortalecimento do aparato institucional e da governança ambiental para o avanço das políticas públicas ambientais.

No decorrer da obra, Pádua apresenta estudos de caso e exemplos concretos que ilustram os desafios e as oportunidades enfrentados pelo Brasil em sua busca pela sustentabilidade. Ele aborda temas como o desenvolvimento sustentável, a conservação da biodiversidade, as políticas de energia e mudanças climáticas, bem como as relações entre sociedade e natureza.

Em suma, a obra "Ecopolítica no Brasil: a busca da sustentabilidade" oferece uma análise aprofundada dos desafios e das possibilidades de uma ecopolítica no contexto brasileiro. Por meio de uma abordagem interdisciplinar, o autor apresenta tópicos relacionados à relação entre política, meio ambiente e sustentabilidade, fornecendo insights relevantes para pesquisadores, estudantes e profissionais interessados na temática.

Em outra análise, Oliveira e Ferreira (2021) no livro "Políticas Públicas de Meio Ambiente no Brasil: Análise e Perspectivas" apresentam uma análise abrangente das políticas públicas ambientais no Brasil, examinando diferentes dimensões e desafios enfrentados nesse campo. Os autores exploram uma variedade de tópicos relevantes para a compreensão das políticas ambientais no país.

O livro oferece uma visão geral do desenvolvimento das políticas públicas de meio ambiente no Brasil ao longo do tempo, destacando eventos e marcos importantes que moldaram o campo e influenciaram a agenda ambiental do país. São discutidas as principais leis e regulamentações relacionadas ao meio ambiente no Brasil, como a Lei de Política Nacional do Meio Ambiente, o Código Florestal e a Lei de Crimes Ambientais. Os autores analisam a evolução dessas leis e sua aplicação na prática.

São explorados os principais instrumentos utilizados nas políticas públicas de meio ambiente, como licenciamento ambiental, zoneamento ambiental, pagamento por serviços ambientais, entre outros. Os autores examinam a eficácia desses instrumentos e suas contribuições para a proteção do meio ambiente.

A obra destaca a importância da participação da sociedade civil e de outros atores na formulação, implementação e avaliação das políticas públicas ambientais. São discutidos mecanismos de participação, como audiências públicas, conselhos gestores e parcerias com organizações da sociedade civil.

Os autores analisam os desafios enfrentados pelas políticas públicas de meio ambiente no Brasil, como a pressão por desenvolvimento econômico, o desmatamento, as mudanças climáticas e a falta de integração entre diferentes esferas de governo. São apresentadas perspectivas e recomendações para fortalecer a efetividade das políticas ambientais no país.

Outra abordagem das políticas públicas de meio ambiente no Brasil pode ser encontrada na obra "Políticas Públicas Ambientais no Brasil: Avaliação e Perspectivas", de Célia Regina Delácio Ferraz e Érico Ferreira Lourenço (2019), onde é realizada uma análise detalhada das políticas públicas ambientais no país, abordando suas características, desafios e resultados.

Os autores destacam a importância das políticas públicas ambientais como instrumentos para promover a sustentabilidade e a conservação dos recursos naturais. Eles discutem a complexidade dessas políticas, considerando a diversidade ambiental do Brasil e os múltiplos atores envolvidos, como governo, sociedade civil e setor privado.

Um dos pontos abordados na obra é a necessidade de integração entre os diferentes níveis de governo e a participação da sociedade na formulação e implementação das políticas ambientais. Os autores destacam a importância da governança participativa e da articulação entre os setores público e privado para a efetividade das políticas.

Além disso, a obra apresenta estudos de caso que exemplificam a implementação das políticas públicas ambientais em diferentes áreas, como gestão de recursos hídricos, conservação da biodiversidade e políticas de mudanças climáticas. Esses estudos de caso fornecem insights sobre os desafios enfrentados, as estratégias adotadas e os resultados alcançados em cada contexto específico.

Esses estudos de caso ilustram a aplicação das políticas em temas como gestão de recursos hídricos, conservação da biodiversidade e políticas de mudanças climáticas.

Cada estudo de caso fornece insights sobre os desafios enfrentados, as estratégias adotadas e os resultados alcançados em contextos específicos.

Os autores apresentam uma análise detalhada de cada caso, destacando as características das políticas públicas implementadas e os resultados obtidos. Por exemplo, no caso da gestão de recursos hídricos, os autores discutem a criação de comitês de bacias hidrográficas, a implementação de instrumentos de gestão e a melhoria da qualidade da água. No caso da conservação da biodiversidade, eles abordam a criação de unidades de conservação, a implementação de programas de monitoramento e a proteção de espécies ameaçadas. Já no contexto das políticas de mudanças climáticas, discutem ações de mitigação e adaptação, como a redução das emissões de gases de efeito estufa e o desenvolvimento de estratégias de resiliência.

No caso da gestão de recursos hídricos, os autores discutem a criação de comitês de bacias hidrográficas, a implementação de instrumentos de gestão e a melhoria da qualidade da água. Isso indica a importância de abordar a gestão dos recursos hídricos de forma integrada, envolvendo a participação de diferentes atores e a utilização de ferramentas de governança para garantir a sustentabilidade e a disponibilidade dos recursos hídricos.

No caso da conservação da biodiversidade, os autores abordam a criação de unidades de conservação, a implementação de programas de monitoramento e a proteção de espécies ameaçadas. Essas ações ressaltam a necessidade de adotar medidas de preservação e manejo adequado das áreas naturais, bem como a importância de monitorar a biodiversidade e adotar estratégias de conservação para garantir a sua sustentabilidade no longo prazo.

Já no contexto das políticas de mudanças climáticas, os autores discutem ações de mitigação e adaptação, como a redução das emissões de gases de efeito estufa e o desenvolvimento de estratégias de resiliência. Isso destaca a importância de enfrentar as mudanças climáticas por meio de ações que visam reduzir as emissões de gases de efeito estufa e fortalecer a capacidade de adaptação da sociedade e do meio ambiente aos impactos das mudanças climáticas.

Através desses estudos de caso, a obra oferece uma visão abrangente das políticas públicas ambientais no Brasil, mostrando tanto os desafios enfrentados quanto os resultados alcançados. Essa análise permite uma reflexão crítica sobre as políticas implementadas e oferece perspectivas para o futuro, visando aprimorar as estratégias e alcançar uma maior efetividade na gestão ambiental do país.

5.2 Análise comparativa de políticas públicas

A análise comparativa de políticas públicas nacionais e internacionais desempenha um papel fundamental no estudo das políticas públicas, permitindo identificar semelhanças, diferenças e lições aprendidas entre diferentes contextos e abordagens. Essa abordagem nos permite compreender como diferentes países enfrentam desafios similares e como suas políticas podem ser adaptadas e aprimoradas (Bardach, 2019).

Neste capítulo, exploraremos a análise comparativa de políticas públicas, abordando diferentes aspectos, tais como a identificação de políticas semelhantes em diferentes países, a comparação dos resultados obtidos, as abordagens utilizadas e os fatores contextuais que influenciam a implementação das políticas.

5.2.1 Procedimentos das análises comparativas

Um dos primeiros passos na análise comparativa de políticas públicas é a identificação de políticas semelhantes em diferentes países. Isso pode ser feito por meio da análise de documentos, estudos de caso e revisão da literatura. Autores como John D. Donahue e Robert B. Parkhurst (2005) destacam a importância de identificar políticas que abordam problemas similares, mas que podem ter sido implementadas de maneiras diferentes em diferentes contextos.

A comparação dos resultados obtidos por políticas públicas em diferentes países é um aspecto crucial da análise comparativa. Autores como Peter Hall e David Soskice (2001) argumentam que essa análise permite identificar os fatores que contribuem para o sucesso ou fracasso de uma política em determinado contexto. É importante considerar indicadores quantitativos e qualitativos para uma análise abrangente dos resultados.

A análise comparativa também envolve a compreensão das diferentes abordagens utilizadas na formulação e implementação de políticas públicas em diferentes países. Autores como B. Guy Peters e Jon Pierre (2019) destacam a importância de examinar as estratégias e instrumentos utilizados, bem como os atores envolvidos no processo. A análise comparativa permite identificar as abordagens mais eficazes e adaptá-las ao contexto nacional.

A análise comparativa de políticas públicas também leva em consideração os fatores contextuais que influenciam a implementação das políticas. Autores como Marta Arretche (2012) e Sergio Praça (2017) argumentam que é essencial considerar as diferenças nos sistemas políticos, nas estruturas institucionais, nas culturas políticas e nos recursos disponíveis em cada país. Esses fatores podem impactar a forma como as políticas são formuladas, implementadas e avaliadas.

5.2.2 Técnicas e metodologias de análise comparativa

Análise Qualitativa Comparada (QCA): Essa abordagem utiliza a lógica Booleana para comparar casos e identificar padrões de causalidade entre variáveis. É especialmente útil quando se lida com um pequeno número de casos e quando a relação entre as variáveis é complexa (Howlett & Mukherjee, 2020).

Análise de Processos de Implementação: Essa abordagem enfoca os processos de implementação das políticas públicas, analisando os atores, as interações, as estratégias e os obstáculos encontrados ao longo do caminho. É útil para compreender como as políticas são traduzidas em ações concretas em diferentes contextos (Stone, 2008).

Estudo de Caso Comparativo: Essa abordagem envolve a análise detalhada de casos específicos em diferentes países, com o objetivo de identificar semelhanças e diferenças nos resultados e nas abordagens utilizadas. É uma abordagem qualitativa que permite uma compreensão aprofundada dos contextos específicos.

Análise de Redes de Políticas: Essa abordagem examina as interações entre os atores e instituições envolvidos na formulação e implementação das políticas públicas. Ela destaca a importância das relações sociais e da cooperação entre os atores para o sucesso das políticas.

Essas são apenas algumas das técnicas e metodologias utilizadas na análise comparativa de políticas públicas. Cada uma delas oferece abordagens distintas para compreender as complexidades das políticas públicas em diferentes contextos nacionais e internacionais. A escolha da técnica ou metodologia adequada depende dos objetivos da pesquisa e das características dos casos em estudo.

Elas abordam diferentes aspectos, como a identificação de políticas semelhantes, a comparação de resultados, as abordagens utilizadas e os fatores contextuais. Essa abordagem permite uma compreensão mais ampla das políticas públicas e a possibilidade de aprendizado entre diferentes contextos.

5.3 Sucessos e desafios das políticas públicas

A implementação de políticas públicas é uma etapa crucial do ciclo de políticas e desempenha um papel fundamental no alcance dos objetivos estabelecidos. No entanto, a implementação efetiva de políticas enfrenta uma série de desafios que podem afetar seu sucesso.

5.3.1 Abordagem da Implementação Efetiva

Autores como Eugene Bardach (2019) e Michael Howlett (2019) destacam a importância da implementação efetiva para o sucesso das políticas públicas. A compreensão dos fatores que levam à implementação bem-sucedida, como capacidade administrativa, coordenação interorganizacional e engajamento dos atores envolvidos, é fundamental.

A abordagem da implementação efetiva destaca a importância de uma implementação bem-sucedida para o alcance dos objetivos das políticas públicas. Autores como Eugene Bardach e Michael Howlett têm enfatizado a necessidade de compreender os fatores que contribuem para uma implementação eficaz, a fim de maximizar os resultados das políticas públicas.

A capacidade administrativa é um dos principais fatores destacados nessa abordagem. Isso se refere à habilidade e recursos disponíveis para implementar e gerenciar as políticas públicas de maneira eficiente. Uma capacidade administrativa robusta é essencial para a execução adequada das ações e programas estabelecidos pelas políticas, garantindo que os recursos sejam alocados de forma adequada e que as atividades sejam realizadas de acordo com os prazos e padrões estabelecidos.

Além disso, a coordenação interorganizacional é um aspecto crucial para a implementação efetiva das políticas públicas. Como as políticas geralmente envolvem várias organizações e atores, é necessário estabelecer mecanismos de coordenação eficientes para garantir a colaboração e a cooperação entre esses diferentes atores. A coordenação pode incluir a definição de papéis e responsabilidades claras, a troca de informações e a criação de mecanismos de comunicação eficazes.

O engajamento dos atores envolvidos também é fundamental para ocorrer a implementação bem-sucedida das políticas públicas. Isso envolve a participação ativa de diferentes partes interessadas, como governo, sociedade civil, setor privado e comunidades locais, no processo de implementação. O envolvimento dos atores relevantes pode promover a apropriação das políticas, a colaboração na identificação de desafios e soluções, bem como o monitoramento e a avaliação contínuos das ações implementadas.

A abordagem da implementação efetiva destaca a importância de considerar esses fatores-chave para garantir que as políticas públicas sejam implementadas de maneira adequada e alcancem os resultados desejados. A compreensão desses elementos e o uso de estratégias apropriadas podem aumentar as chances de sucesso na implementação das políticas, contribuindo para a efetividade das intervenções governamentais.

5.3.2 Casos de Experiências Internacionais

Estudos de casos internacionais, como o programa Bolsa Família no Brasil e o sistema de saúde universal do Canadá, demonstram exemplos de sucesso na implementação de políticas públicas. Esses casos ressaltam a importância do comprometimento político, da alocação adequada de recursos e da participação da sociedade civil.

O tópico "Experiências Internacionais" destaca o valor de estudar casos de sucesso na implementação de políticas públicas em diferentes países. Exemplos notáveis, como o programa Bolsa Família no Brasil e o sistema de saúde universal do Canadá, fornecem insights valiosos sobre os elementos-chave que contribuíram para a efetividade dessas políticas.

Uma característica comum observada nessas experiências é o comprometimento político. O envolvimento e o apoio dos líderes políticos são fundamentais para a implementação e continuidade de políticas públicas bem-sucedidas. O comprometimento político garante que os recursos necessários sejam alocados e que as medidas sejam implementadas de maneira consistente e sustentável ao longo do tempo.

A alocação adequada de recursos também desempenha um papel crucial no sucesso da implementação de políticas públicas. A disponibilidade de recursos financeiros, humanos e técnicos suficientes permite que as políticas sejam implementadas de forma abrangente e eficiente. A falta de recursos pode prejudicar a implementação adequada e comprometer os resultados esperados.

Além disso, a participação da sociedade civil é destacada como um fator importante nas experiências internacionais bem-sucedidas. O engajamento ativo da sociedade civil no processo de formulação, implementação e monitoramento das políticas públicas promove a transparência, a responsabilização e a legitimidade das ações governamentais.

A participação da sociedade civil ajuda a garantir que as políticas atendam às necessidades reais da população e que os resultados sejam socialmente justos e equitativos.

Ao estudar essas experiências internacionais de sucesso, é possível aprender lições importantes sobre como superar desafios e implementar políticas públicas de forma eficaz. Os casos mencionados, como o programa Bolsa Família no Brasil e o sistema de saúde universal do Canadá, demonstram que o comprometimento político, a alocação adequada de recursos e a participação da sociedade civil são fatores críticos para alcançar resultados positivos na implementação de políticas públicas.

5.3.3 Aprendizado Adaptativo

A capacidade de aprendizado adaptativo é essencial para a implementação bem-sucedida das políticas públicas.

Autores como Peter Hall (1993) e Barbara Crosby (1997) destacam a importância de ajustar as políticas com base nas lições aprendidas durante a implementação, buscando aprimorar a eficácia e a eficiência das políticas.

Aqui enfatizamos a importância de incorporar o aprendizado e a adaptação contínuos no processo de implementação das políticas públicas. Autores como Peter Hall e Barbara Crosby argumentam que o sucesso das políticas depende da capacidade de aprender com as experiências passadas e de fazer ajustes com base nessas lições aprendidas.

O aprendizado adaptativo envolve a coleta de informações e evidências durante a implementação das políticas, bem como a análise dessas informações para identificar o que está funcionando e o que precisa ser modificado. Esse processo de aprendizado contínuo permite aprimorar a eficácia e a eficiência das políticas, garantindo que elas sejam adaptadas às necessidades e realidades em constante mudança.

Uma abordagem de aprendizado adaptativo também reconhece que as políticas públicas podem enfrentar desafios e obstáculos imprevistos durante a implementação. Ao aprender com esses desafios, é possível tomar medidas corretivas para ajustar as estratégias de implementação a fim de superar as dificuldades encontradas.

O aprendizado adaptativo promove a participação e o engajamento dos atores envolvidos na implementação das políticas. Ao permitir que diferentes partes interessadas contribuam com suas perspectivas e experiências, é possível enriquecer o processo de aprendizado e promover a co-construção de soluções mais efetivas (Crosby & Bryson, 2005).

A capacidade de aprendizado adaptativo também está relacionada à criação de uma cultura organizacional que valoriza a aprendizagem contínua e a experimentação. Isso envolve a promoção de uma mentalidade aberta para aprender com os erros e buscar constantemente melhorias. Esse aprendizado adaptativo é essencial para aprimorar a eficácia e a eficiência das políticas, permitindo ajustes com base nas lições aprendidas e na realidade em constante mudança.

5.3.4 Desafios na Implementação de Políticas Públicas

A implementação de políticas públicas enfrenta desafios decorrentes da complexidade dos problemas a serem abordados e da interdependência entre os atores envolvidos. Autores como Mark Bovens e Paul 't Hart (2019) ressaltam a necessidade de uma abordagem mais flexível e adaptável para lidar com a complexidade das políticas públicas.

Os desafios enfrentados na implementação de políticas públicas são diversos e variáveis em função da natureza complexa dos problemas a serem abordados e à interdependência entre os atores envolvidos. Autores como Mark Bovens e Paul 't Hart (2019) enfatizam a necessidade de adotar uma abordagem mais flexível e adaptável para lidar com essa complexidade.

Os problemas enfrentados pelas políticas públicas geralmente são caracterizados por múltiplos fatores inter-relacionados, envolvendo uma variedade de atores e interesses divergentes. Essa complexidade torna difícil prever todas as consequências e respostas necessárias para resolver o problema de forma efetiva.

Além disso, as políticas públicas são implementadas em um contexto de interdependência, onde as ações de um ator podem afetar outros atores e vice-versa. Isso implica que as políticas públicas não podem ser desenvolvidas ou implementadas isoladamente, mas devem levar em consideração as relações e interações entre os diferentes atores e suas atividades.

Nesse sentido, autores como Bovens e Hart argumentam que abordagens rígidas e prescritivas podem ser totalmente inadequadas para lidar com a complexidade e a interdependência das políticas públicas. Em vez disso, eles defendem a adoção de uma abordagem mais flexível, adaptável e sensível ao contexto, que permita ajustes e respostas adequadas às demandas emergentes.

Essa abordagem flexível envolve reconhecer a incerteza e a imprevisibilidade inerentes à implementação das políticas públicas e estar disposto a aprender e se adaptar ao longo do processo. Também implica a promoção da colaboração e da comunicação efetiva entre os diferentes atores envolvidos, a fim de facilitar a compreensão mútua, o compartilhamento de informações e a coordenação das ações.

Essa abordagem é essencial para enfrentar a complexidade dos problemas e a interdependência entre os atores envolvidos, permitindo ajustes e respostas adequadas ao contexto em constante mudança.

5.3.5 Resistência e Conflito de Interesses

A resistência de atores afetados pela implementação das políticas e os conflitos de interesses podem representar desafios significativos. Autores como Sabatier e Mazmanian (1999) destacam a importância de uma análise cuidadosa dos interesses envolvidos e da construção de coalizões para superar esses obstáculos.

Os desafios enfrentados na implementação de políticas públicas devido à resistência de atores afetados e aos conflitos de interesses envolvidos, ressaltam a importância de uma análise cuidadosa dos interesses em jogo e da construção de coalizões para superar esses obstáculos.

Quando uma política pública é proposta e implementada, ela inevitavelmente afeta diferentes atores e grupos de interesse. Alguns desses atores podem ter interesses conflitantes ou podem resistir às mudanças propostas, seja por medo de perder benefícios, poder ou status, ou por discordarem dos objetivos ou abordagens da política.

A resistência pode vir de diferentes fontes, como grupos de pressão, burocracias estabelecidas, setores econômicos afetados negativamente ou mesmo segmentos da população que se sentem desfavorecidos pela política proposta. Essa resistência pode se manifestar de várias formas, como oposição política, mobilização social, lobby, entre outros.

Para lidar com a resistência e os conflitos de interesses, é necessário uma análise cuidadosa dos interesses envolvidos. Isso envolve identificar os atores afetados, seus interesses específicos e suas posições em relação à política proposta. É importante compreender os incentivos e motivações por trás desses interesses e examinar as possíveis estratégias que podem ser adotadas para promover a implementação bem-sucedida da política.

A construção de coalizões pode ser uma estratégia eficaz para superar a resistência e os conflitos de interesses. A formação de alianças entre diferentes atores, tanto os que são a favor da política quanto os que são potencialmente contrários, pode criar um apoio mais amplo e fortalecer a capacidade de influenciar o processo de implementação. Essas coalizões podem ser baseadas em interesses compartilhados, valores comuns ou objetivos estratégicos.

A análise cuidadosa dos interesses e a construção de coalizões requerem um entendimento aprofundado do contexto político e dos atores envolvidos. É preciso considerar a dinâmica política, as relações de poder, as estruturas institucionais e as características específicas do setor em que a política está inserida.

O tópico "Resistência e Conflito de Interesses" destaca a importância de uma análise cuidadosa dos interesses envolvidos e da construção de coalizões para lidar com os desafios da resistência e dos conflitos de interesses na implementação das políticas públicas. Autores como Sabatier e Mazmanian fornecem insights valiosos sobre como abordar essas questões complexas e encontrar soluções para avançar na implementação das políticas.

5.3.6 Capacidade Administrativa

A implementação efetiva de políticas requer uma capacidade administrativa adequada. Autores como Luiz Carlos Bresser-Pereira (2016; 2012) discutem a importância de fortalecer a capacidade do Estado e investir em recursos humanos qualificados e processos eficientes de gestão.

A importância de contar com uma capacidade administrativa adequada para a implementação efetiva de políticas públicas provêm da necessidade de fortalecer a capacidade do Estado e investir em recursos humanos qualificados e processos eficientes de gestão.

A capacidade administrativa refere-se à habilidade do Estado em formular, implementar e avaliar políticas públicas de forma eficaz e eficiente. Ela envolve uma série de elementos, como recursos humanos qualificados, infraestrutura adequada, processos de tomada de decisão eficientes, sistemas de monitoramento e avaliação, entre outros.

Uma capacidade administrativa robusta é fundamental para garantir que as políticas públicas sejam implementadas de forma adequada, atinjam os resultados esperados e sejam sustentáveis ao longo do tempo.

Um Estado efetivo e eficiente requer uma burocracia competente e comprometida, capaz de formular e implementar políticas públicas de maneira consistente e coerente. Neste sentido, Bresser-Pereira destaca a importância de investir na qualificação dos servidores públicos, promover a profissionalização da administração pública e estabelecer processos de gestão transparentes e responsáveis.

Esta capacidade administrativa também envolve a criação de estruturas institucionais adequadas e a promoção de uma cultura organizacional que valorize a inovação, a aprendizagem e a prestação de contas. O fortalecimento da capacidade administrativa requer a alocação adequada de recursos financeiros, a adoção de tecnologias modernas de informação e comunicação, e a promoção de parcerias estratégicas com outros setores da sociedade.

No contexto da implementação de políticas públicas, a capacidade administrativa desempenha um papel crucial na superação de desafios, como a complexidade das políticas, a coordenação interorganizacional e a gestão de recursos. Uma capacidade administrativa adequada permite uma melhor alocação de recursos, uma maior eficiência na execução das políticas e uma resposta mais ágil e efetiva às demandas da sociedade.

A "Capacidade Administrativa" destaca a importância de contar com uma estrutura governamental adequada para a implementação efetiva de políticas públicas, que significa fortalecer o Estado, investir em recursos humanos qualificados e promover processos eficientes de gestão. Ao melhorar a capacidade administrativa, é possível superar desafios e alcançar melhores resultados na implementação das políticas públicas.

A implementação de políticas públicas é um processo complexo e desafiador. Embora haja casos de sucesso que demonstram a eficácia das políticas implementadas, também existem desafios significativos a serem superados. A compreensão dos fatores que contribuem para o sucesso ou fracasso na implementação é essencial para melhorar a efetividade das políticas públicas.

Exploramos os sucessos na implementação de políticas públicas, destacando a importância da implementação efetiva, aprendizado adaptativo e exemplos internacionais de boas práticas. Também discutimos os desafios enfrentados na implementação, como a complexidade dos problemas, resistência e conflitos de interesses, e a necessidade de fortalecer a capacidade administrativa.

Por fim, cabe destacar que a implementação de políticas públicas é um processo complexo que requer a consideração de uma variedade de fatores e desafios. Ao analisar os sucessos e desafios na implementação, podemos aprender lições valiosas e desenvolver estratégias mais eficazes para alcançar resultados positivos.

Capítulo 6

Perspectivas Futuras e Desafios

Neste capítulo abordaremos as tendências e desafios emergentes nas políticas públicas, oferecendo uma visão das possíveis direções futuras e dos obstáculos a serem enfrentados. Neste capítulo, serão discutidas as perspectivas e os desafios relacionados à evolução das políticas públicas, levando em consideração as mudanças sociais, econômicas e políticas que moldam o cenário atual.

6.1 Tendências emergentes nas Políticas Públicas

À medida que a sociedade evolui e enfrenta novos desafios, as políticas públicas também passam por transformações e adaptações para atender às demandas emergentes.

Nesse sentido, algumas tendências mais relevantes têm se destacado no contexto atual para atender estas demandas emergentes. Essas tendências refletem as mudanças culturais sociais, econômicas, tecnológicas e ambientais que impactam a formulação, implementação e avaliação das políticas públicas.

Dentre essas tendências emergentes destaque para a busca por maior participação e engajamento cidadão, o uso de tecnologias e inovações para aprimorar as políticas, a importância da sustentabilidade e do combate às desigualdades, entre outros temas relevantes.

A compreensão dessas tendências emergentes é crucial para os formuladores de políticas, gestores públicos, pesquisadores e demais atores envolvidos no processo de elaboração e implementação de políticas públicas. Ao estarmos atentos a essas tendências, podemos antecipar desafios, identificar oportunidades e buscar soluções inovadoras para enfrentar os problemas complexos e dinâmicos que nossa sociedade enfrenta.

6.1.1 Transformações Sociais e Demográficas

Autores como Anthony Giddens e Alberto (2019) Dines destacam a importância de considerar as mudanças sociais e demográficas na formulação das políticas públicas. O envelhecimento da população, a diversidade cultural e a demanda por políticas inclusivas são tendências que requerem respostas adequadas por parte dos formuladores de políticas.

É fundamental considerar as mudanças sociais e demográficas na formulação das políticas públicas. Essas transformações têm um impacto significativo nas demandas e necessidades da sociedade, exigindo respostas adequadas por parte dos formuladores de políticas.

Uma das principais transformações demográficas é o envelhecimento da população. O aumento da expectativa de vida e a diminuição das taxas de natalidade resultaram em um aumento significativo da proporção de idosos na população. Isso implica em desafios para as políticas públicas, uma vez que é necessário garantir o cuidado e a qualidade de vida dessa população, bem como promover políticas de previdência social adequadas.

A diversidade cultural também é uma característica marcante das sociedades contemporâneas. A migração, a globalização e a formação de sociedades multiculturais exigem políticas que promovam a inclusão e o respeito à diversidade étnica, cultural e religiosa. Os formuladores de políticas devem considerar a necessidade de promover a igualdade de oportunidades e o combate à discriminação, garantindo a participação de todos os grupos na construção das políticas públicas (Fontes, 2018).

Outra tendência importante é a demanda por políticas inclusivas que garantam os direitos das minorias e grupos historicamente marginalizados. Isso inclui políticas de igualdade de gênero, políticas de inclusão social, políticas de combate à discriminação racial, entre outras. Os formuladores de políticas devem estar atentos a essas demandas e buscar soluções que promovam a justiça social e a equidade.

Os formuladores de políticas devem estar atentos às tendências demográficas, ao envelhecimento da população, à diversidade cultural e à demanda por políticas inclusivas. Essas tendências requerem respostas adequadas e políticas públicas que promovam a igualdade, a inclusão e a qualidade de vida para todos os cidadãos.

6.1.2 Desafios Ambientais

A preocupação com a sustentabilidade ambiental e as mudanças climáticas tornou-se uma questão crucial para as políticas públicas. Autores como Carlos Nobre e José Goldemberg apontam a necessidade de integrar a dimensão ambiental nas políticas de desenvolvimento, buscando soluções sustentáveis para os desafios ambientais.

A crescente preocupação com a sustentabilidade ambiental e as mudanças climáticas são questões cruciais para as políticas públicas. Autores como Carlos Nobre (2014) e José Goldemberg (2017) ressaltam a necessidade de integrar a dimensão ambiental nas políticas de desenvolvimento, buscando soluções sustentáveis para enfrentar os desafios ambientais.

A preocupação com o meio ambiente e a busca por práticas sustentáveis são impulsionadas pelo reconhecimento dos impactos negativos das atividades humanas no ecossistema global. As mudanças climáticas, a degradação dos recursos naturais e a perda da biodiversidade são alguns dos principais desafios ambientais que precisam ser enfrentados.

É necessário integrar a dimensão ambiental nas políticas de desenvolvimento, ou seja, considerar os impactos ambientais ao planejar e implementar políticas públicas. Isso implica em adotar práticas e medidas que promovam a conservação dos recursos naturais, a redução das emissões de gases de efeito estufa e a transição para uma economia de baixo carbono.

A integração da dimensão ambiental também envolve a promoção de práticas sustentáveis em diversos setores, como agricultura, energia, transporte e indústria. Isso inclui incentivar mais o uso de energias renováveis, a eficiência energética, o manejo sustentável dos recursos naturais e a adoção de tecnologias limpas (Leis & Franchini, 2018).

A incorporação da dimensão ambiental nas políticas públicas requer uma abordagem integrada, que envolve diferentes atores e setores da sociedade. É necessário promover a participação da sociedade civil, empresas, organizações não governamentais e instituições de pesquisa no processo de formulação e implementação das políticas ambientais.

É fundamental integrar a dimensão ambiental nas políticas públicas, reconhecendo os desafios ambientais como uma questão crucial para o desenvolvimento sustentável. Adotar práticas sustentáveis, buscar soluções que promovam a conservação dos recursos naturais, a redução das emissões de gases de efeito estufa e a transição para uma economia de baixo carbono, exigem uma abordagem integrada e a participação de diversos atores da sociedade.

6.1.3 Inovação Tecnológica

A rápida evolução tecnológica traz novos desafios e oportunidades para as políticas públicas. Autores como Fábio Campos (2016) e Glauco Arbix (2015) discutem a importância de políticas de inovação e tecnologia para promover o desenvolvimento econômico e social.

A relevância da rápida evolução tecnológica como um elemento crucial para a formulação de políticas públicas decorre do avanço constante das tecnologias, que implica em novos desafios e oportunidades que precisam ser considerados pelos formuladores de políticas.

As políticas de inovação e tecnologia podem impulsionar o desenvolvimento econômico e social, já que a inovação tecnológica tem o potencial de transformar setores econômicos, melhorar a eficiência dos serviços públicos, gerar empregos de qualidade e promover a inclusão social.

A implementação de políticas de inovação e tecnologia requer estratégias específicas, que podem incluir incentivos fiscais para pesquisa e desenvolvimento, estímulo à colaboração entre empresas e instituições de pesquisa, estabelecimento de parcerias público-privadas, fomento ao empreendedorismo e criação de ecossistemas de inovação. Essas políticas visam impulsionar a geração e a adoção de novas tecnologias, além de promover a capacitação tecnológica da sociedade (Katz & Wagner, 2019).

Por isso é necessário uma visão estratégica para promover a inovação tecnológica e garantir sua inserção nos processos produtivos e na sociedade como um todo.

A inovação tecnológica não apenas impulsiona o desenvolvimento econômico, mas também tem o potencial de resolver problemas sociais complexos, como saúde, educação, mobilidade urbana e sustentabilidade ambiental. Portanto, as políticas públicas devem considerar essas perspectivas para promover o crescimento inclusivo e sustentável.

6.2 Desafios na Formulação e Implementação

A formulação e implementação de políticas públicas são processos complexos que enfrentam diversos desafios ao longo do caminho. Neste subcapítulo, exploraremos alguns dos principais desafios encontrados pelos formuladores de políticas e gestores públicos na busca pela efetividade e sucesso das políticas públicas.

Esses desafios estão relacionados a uma série de fatores, como a complexidade dos problemas a serem abordados, as restrições orçamentárias, a coordenação intergovernamental, a participação dos atores envolvidos, a resistência e conflitos de interesse, entre outros. Compreender esses desafios é fundamental para aprimorar as práticas de formulação e implementação de políticas públicas e superar obstáculos que podem comprometer seu alcance e impacto.

6.2.1. Participação Cidadã

A ampliação da participação cidadã é um desafio e uma oportunidade para fortalecer a legitimidade e a efetividade das políticas públicas. Autores como Sérgio Praça (2019) e Leonardo Avritzer (2010) discutem a importância da participação da sociedade civil e de mecanismos de controle social na formulação e implementação das políticas públicas.

A participação da sociedade civil para formulação, inplantação e efetivação das políticas públicas é um desafio e uma oportunidade para fortalecer a legitimidade e a efetividade detas políticas. Nesse contexto, autores como Sérgio Praça (2019) e Leonardo Avritzer (2010) têm discutido amplamente a relevância da participação cidadã e dos mecanismos de controle social no processo de formulação e implementação das políticas públicas.

A participação cidadã refere-se ao envolvimento ativo dos cidadãos nos processos de tomada de decisão, desde a fase de formulação até a implementação das políticas públicas. Isso se baseia na premissa de que os cidadãos têm o direito e a responsabilidade de contribuir para a definição das políticas que afetam suas vidas e comunidades. A participação cidadã pode ocorrer por meio de diferentes formas, como consultas públicas, audiências, conselhos, parcerias com a sociedade civil, entre outros mecanismos.

Essa participação cidadã desafia a tradicional visão de que a tomada de decisão é exclusivamente responsabilidade dos formuladores de políticas e burocratas do governo. Ela reconhece que os cidadãos têm conhecimentos, experiências e perspectivas únicas que podem enriquecer e aprimorar as políticas públicas. Além disso, a participação cidadã contribui para aumentar a transparência, a responsabilidade e a legitimidade das políticas, promovendo a confiança entre os cidadãos e o Estado (Santos, 2014).

No entanto, a ampliação da participação cidadã também apresenta desafios. Nem sempre é fácil garantir a representatividade e a inclusão de diferentes grupos sociais, especialmente aqueles historicamente marginalizados. Além disso, é necessário estabelecer mecanismos efetivos de diálogo e deliberação que garantam que as vozes dos cidadãos sejam ouvidas e consideradas no processo de tomada de decisão.

A obra de Sérgio Praça, "A Política Importa: Instituições e Decisões Políticas no Brasil", e a obra de Leonardo Avritzer, "A Participação em Belo Horizonte: da década de 80 aos anos 2000", são referências importantes para compreender os desafios e as oportunidades da participação cidadã nas políticas públicas. Esses autores analisam empiricamente experiências brasileiras de participação cidadã em diferentes contextos e discutem as transformações políticas e institucionais necessárias para fortalecer a participação da sociedade civil.

Neste livro, Sérgio Praça discute a importância das instituições políticas e da participação cidadã no processo de tomada de decisão política no Brasil. Ele analisa empiricamente a influência das instituições políticas na elaboração e implementação de políticas públicas, enfatizando a participação da sociedade civil.

A importância da participação ativa dos cidadãos na formulação e implementação das políticas públicas implica em fortalecer a legitimidade, a efetividade e a qualidade das políticas, promovendo uma maior inclusão e participação da sociedade nas decisões que afetam suas vidas.

6.2.2. Coerência e Integração

A complexidade dos problemas contemporâneos exige uma abordagem integrada e coerente na formulação e implementação das políticas públicas. Autores como Maria das Dores Campos Machado (2004) e Luiz Carlos Bresser-Pereira (2004) destacam a importância de superar a fragmentação e promover a articulação entre diferentes áreas de políticas.

Cada vez mais ocorre o reconhecimento da necessidade de uma abordagem integrada e coerente na formulação e implementação das políticas públicas. A complexidade dos problemas contemporâneos requer a superação da fragmentação e a promoção da articulação entre diferentes áreas de políticas para enfrentá-los de maneira efetiva.

A coerência e integração das políticas públicas significam superar a fragmentação destas políticas, pois com a atuação isolada de diferentes órgãos e setores pode dificultar a resolução dos problemas públicos, especialmente os mais complexos e interconectados. Isto significa que a falta de coordenação e articulação entre as políticas pode levar a soluções insuficientes e ineficazes.

Por sua vez, isso só é possível através de uma reforma contínua do Estado para promover a coerência e integração sempre atualizada das políticas públicas. Assim, o Estado deve ser capaz de articular e coordenar as diferentes áreas de políticas, evitando conflitos de interesses e garantindo a efetividade das ações governamentais. Daí a importância de uma visão estratégica que considere os objetivos e as necessidades de longo prazo, promovendo uma abordagem integrada e coerente nas políticas públicas.

A abordagem de coerência e integração nas políticas públicas significa a superação parcial da fragmentação e da compartimentalização das ações governamentais, reconhecendo a interdependência entre os diferentes problemas e setores. Isso requer uma coordenação efetiva, tanto verticalmente, entre diferentes níveis de governo, quanto horizontalmente, entre diferentes áreas de políticas.

Esta integração também envolve a colaboração com atores relevantes, incluindo a sociedade civil organizada, para garantir uma abordagem holística, coerente e abrangente na formulação e implementação das políticas públicas (Howlett, Ramesh & Perl, 2009).

Essa abordagem busca garantir que as políticas públicas sejam eficientes, eficazes e sustentáveis, atendendo às necessidades da sociedade de forma integrada e coerente. A coerência e integração contribuem para a governança efetiva, a resolução de problemas complexos e a promoção do desenvolvimento sustentável.

6.2.3. Gestão Eficiente

A busca por uma gestão pública eficiente e transparente é um desafio constante nas políticas públicas. Para tanto é necessário fortalecer a capacidade de gestão do Estado, promover a profissionalização dos servidores públicos e adotar práticas de monitoramento e avaliação.

Uma gestão pública eficiente e transparente nas políticas é um desafio constante para os formuladores e implementadores de políticas, pois envolve a capacidade de gerenciar recursos de forma eficaz, promover a profissionalização dos servidores públicos e adotar práticas de monitoramento e avaliação constantemente na máquina pública.

Autores como Sérgio Lazzarini (2019) e Maria do Socorro Braga (2017) têm discutido a importância da gestão eficiente nas políticas públicas. Lazzarini destaca a necessidade de fortalecer a capacidade de gestão do Estado, garantindo que os recursos sejam alocados de maneira eficiente e que os processos sejam conduzidos de forma transparente. Ele argumenta que uma gestão eficiente é fundamental para garantir o uso adequado dos recursos públicos e a entrega de serviços de qualidade para a população.

Um dos temas mais enfatizados é a importância da profissionalização dos servidores públicos como um elemento-chave para uma gestão eficiente. A formação e capacitação adequadas para os servidores é a forma adequada para desenvolver competências técnicas e gerenciais necessárias para a implementação das políticas públicas. Além disso, também é necessário adotar práticas de monitoramento e avaliação, que permitem acompanhar o desempenho das políticas, identificar desafios e promover melhorias contínuas.

A gestão eficiente busca garantir o uso eficaz dos recursos públicos, a transparência na utilização desses recursos e a prestação de serviços de qualidade para a sociedade. Isso inclui a implementação de mecanismos de controle, o estabelecimento de indicadores de desempenho, a adoção de práticas de governança e a promoção da responsabilidade.

É importante ressaltar que a gestão eficiente não se limita apenas à eficácia operacional, mas também inclui a consideração de aspectos éticos, a participação cidadã e a promoção da sustentabilidade nas políticas públicas.

6.3 Aprimoramento de políticas públicas

A complexidade dos problemas sociais e a dinâmica das demandas requerem constantes ajustes e melhorias nas políticas implementadas. Aprimorar as políticas públicas envolve uma série de desafios, como a identificação precisa das necessidades da população através da participação cidadã, bem como com a capacidade de gestão na definição de metas claras e mensuráveis, alocação eficiente dos recursos disponíveis e a implementação de mecanismos de avaliação e monitoramento. Além disso, é essencial considerar a participação de especialistas e de outros atores relevantes no processo de formulação e implementação das políticas, a fim de garantir a legitimidade e a efetividade das ações governamentais.

O aprimoramento de políticas públicas tem sido objeto de estudos e debates em diversas áreas do conhecimento, como a ciência política, a administração pública, a economia e a sociologia. Essa busca pelo aprimoramento é um desafio constante para governos e sociedade, que requer o uso de evidências, a experimentação de novas abordagens e a capacidade de adaptação diante das demandas em constante mudança. O objetivo é promover a eficiência, a equidade e o impacto positivo das políticas implementadas, visando alcançar resultados cada vez mais efetivos e satisfatórios para a sociedade como um todo.

A seguir passaremos a detalhar alguns desses mecanismos usados para o aprimoramento das políticas públicas.

6.3.1. Fortalecer a participação cidadã

Promover mecanismos de participação e diálogo entre múltiplos e diferentes atores sociais, como a sociedade civil, especialistas e representantes dos setores afetados pelas políticas públicas, pode contribuir para a formulação de políticas mais inclusivas e adequadas às demandas da sociedade.

Fortalecer a participação cidadã significa promover mecanismos de participação e diálogo entre os diferentes atores sociais na formulação e implementação das políticas públicas, com o envolvimento da sociedade civil, especialistas e representantes dos setores afetados pelas políticas, de forma a garantir uma maior representatividade e legitimidade na tomada de decisões.

Promover a participação cidadã significa dar voz aos cidadãos e permitir que eles contribuam ativamente no processo de formulação e implementação das políticas públicas. Isso pode ser feito por meio de consultas públicas, audiências, conselhos participativos, fóruns de discussão, entre outros mecanismos. A participação cidadã não se resume apenas à consulta, mas também envolve o diálogo e a construção conjunta de soluções.

Ao fortalecer a participação cidadã, busca-se garantir uma política mais inclusiva, que considere as diversas perspectivas e necessidades da sociedade. A participação dos diferentes atores sociais permite o compartilhamento de informações, o debate de idéias, a identificação de problemas e a busca por soluções mais adequadas às demandas e realidades locais.

Esta participação dos cidadãos não apenas fortalece a democracia, mas também contribui para a qualidade e efetividade das políticas. Através da participação, é possível obter informações e conhecimentos específicos, promover a transparência e a prestação de contas, e fortalecer a legitimidade das decisões tomadas.

No contexto brasileiro, o fortalecimento da participação cidadã é um desafio, mas também uma oportunidade para avançar na construção de políticas mais inclusivas e democráticas. Neste processo, é importante garantir a ampla participação da sociedade civil, especialmente dos grupos marginalizados e menos representados, buscando superar desigualdades e promover a equidade nas políticas públicas.

6.3.2. Promover a integração e a coerência das políticas

Estabelecer mecanismos de coordenação e integração entre os diferentes setores e níveis de governo, visando superar a fragmentação e promover a sinergia entre as políticas públicas. Isso pode resultar em soluções mais efetivas e abordagens mais abrangentes para os problemas complexos.

Promover a integração e a coerência das políticas implica em estabelecer mecanismos de coordenação e integração entre os diferentes setores e níveis de governo, a fim de superar a fragmentação e promover a sinergia entre as políticas públicas. O objetivo é criar uma abordagem mais holística e abrangente para enfrentar os problemas complexos e desafios enfrentados pela sociedade.

A fragmentação das políticas públicas ocorre quando diferentes setores e órgãos governamentais trabalham de forma isolada, sem uma coordenação efetiva entre si. Isso pode levar a uma falta de coerência e sinergia nas ações governamentais, resultando em uma abordagem fragmentada e limitada para lidar com os problemas.

Para promover a integração e a coerência das políticas, é necessário estabelecer mecanismos e estruturas de coordenação que permitam a colaboração entre os diferentes atores e setores envolvidos. Isso pode incluir a criação de conselhos interministeriais, a formação de redes de cooperação, a adoção de instrumentos de planejamento integrado, entre outros.

A integração das políticas permite uma abordagem mais ampla e sinérgica para enfrentar os problemas complexos da sociedade. Por exemplo, a integração das políticas de saúde, educação e assistência social pode resultar em abordagens mais efetivas para a promoção do bem-estar e qualidade de vida da população.

Esta superação da fragmentação requer uma mudança de mentalidade e uma abordagem mais sistêmica na formulação e implementação das políticas. A integração não se limita apenas à coordenação entre os órgãos governamentais, mas também envolve a participação da sociedade civil, do setor privado e de outros atores relevantes.

A promoção da integração e coerência das políticas é um desafio, dada a complexidade do sistema político e administrativo no Brasil e os demais países do mundo, cada qual com suas particularidades. No entanto, é fundamental superar essa fragmentação e promover uma abordagem mais integrada e sinérgica para enfrentar os desafios e problemas sociais.

6.3.3. Investir em capacidade de gestão

Fortalecer a capacidade de gestão do Estado, promovendo a formação e capacitação dos servidores públicos, aprimorando os processos de tomada de decisão e adotando práticas de monitoramento e avaliação, pode contribuir para uma gestão mais eficiente, transparente e orientada por resultados.

Investir em capacidade de gestão representa fortalecer a capacidade de gestão do Estado como um elemento fundamental para o sucesso das políticas públicas. Isso envolve promover a formação e capacitação dos servidores públicos, aprimorar os processos de tomada de decisão e adotar práticas de monitoramento e avaliação.

Uma capacidade de gestão sólida é essencial para garantir uma implementação eficiente e eficaz das políticas públicas. Isso requer investimentos na formação e qualificação dos servidores públicos, proporcionando-lhes as habilidades e competências necessárias para lidar com os desafios complexos enfrentados na implementação das políticas.

Além disso, é importante aprimorar os processos de tomada de decisão, buscando uma gestão mais orientada por evidências e dados. Isso envolve a utilização de técnicas de análise de políticas, avaliação de impacto e monitoramento contínuo dos resultados alcançados. Com base nessas informações, os gestores públicos podem tomar decisões informadas e ajustar as políticas de acordo com as necessidades e demandas da sociedade.

Uma gestão eficiente requer não apenas a capacitação dos servidores públicos, mas também a adoção de práticas de transparência, prestação de contas e responsabilidade.

No contexto brasileiro, o investimento na capacidade de gestão do Estado é um desafio importante e urgente. Isso envolve superar questões como a burocracia, a falta de recursos e a resistência a mudanças. No entanto, é fundamental fortalecer a capacidade de gestão para garantir uma administração pública eficiente, transparente e voltada para resultados.

A análise das perspectivas futuras e dos desafios nas políticas públicas é essencial para aprimorar as estratégias de desenvolvimento e promover o bem-estar social. A compreensão das tendências emergentes, dos desafios enfrentados e das recomendações para uma melhor formulação e implementação das políticas públicas permite uma abordagem mais informada e eficaz na busca por soluções sustentáveis e inclusivas.

No entanto, é importante ressaltar que as políticas públicas são contextuais e dinâmicas, exigindo adaptação constante às mudanças sociais, econômicas e políticas. A combinação de conhecimento teórico, evidências empíricas e experiências práticas é fundamental para orientar as políticas públicas de forma efetiva e responsiva.

6.4 Papel da inovação e tecnologia

A inovação e a tecnologia têm desempenhado um papel cada vez mais relevante no campo das políticas públicas, impulsionando transformações e abrindo novas possibilidades para o desenvolvimento e aprimoramento dessas políticas. Passaremos agora a explicar as diferentes formas como a inovação e a tecnologia estão sendo incorporadas nas políticas públicas, bem como os benefícios e os desafios que essa incorporação traz.

6.4.1 Oportunidades e benefícios da inovação e tecnologia

A utilização da inovação e da tecnologia nas políticas públicas traz uma série de benefícios e oportunidades. Por exemplo, a adoção de soluções tecnológicas pode promover a eficiência e a eficácia das políticas, agilizando processos, melhorando a comunicação e facilitando o acesso aos serviços públicos. Além disso, a inovação pode abrir caminho para a criação de políticas mais inclusivas, transparentes e participativas, permitindo o envolvimento dos cidadãos na tomada de decisões e na implementação das políticas.

Aumento da eficiência e eficácia das políticas públicas: A utilização da inovação e tecnologia nas políticas públicas pode promover a melhoria da eficiência e eficácia na sua implementação. A automação de processos, o uso de sistemas digitais e a análise de dados podem agilizar a tomada de decisões, reduzir burocracias e otimizar recursos, resultando em políticas mais eficientes e com melhores resultados.

Melhoria do acesso aos serviços públicos: A adoção de soluções tecnológicas pode facilitar o acesso dos cidadãos aos serviços públicos. Por meio de plataformas digitais, aplicativos móveis e canais de atendimento online, é possível disponibilizar serviços de forma mais ágil e conveniente, reduzindo barreiras geográficas e de tempo. Isso contribui para aumentar a inclusão e a satisfação dos usuários.

Promoção da transparência e participação cidadã: A inovação e a tecnologia oferecem oportunidades para promover a transparência e a participação dos cidadãos nas políticas públicas. Por meio de plataformas online, ferramentas de colaboração e espaços de participação virtual, os cidadãos podem ter acesso a informações, acompanhar ações governamentais e contribuir ativamente na formulação e implementação das políticas, fortalecendo a democracia e a legitimidade das decisões públicas.

Estímulo à criação de soluções inovadoras: A inovação e a tecnologia podem estimular a criação de soluções inovadoras para os desafios enfrentados pelas políticas públicas. A utilização de novas tecnologias, como inteligência artificial, internet das coisas e análise de dados, possibilita a identificação de padrões, tendências e oportunidades até então não percebidos. Isso permite o desenvolvimento de abordagens mais efetivas e adaptáveis, promovendo o alcance de resultados mais impactantes.

6.4.2 Aplicação da inovação e tecnologia em políticas públicas

A inovação e a tecnologia têm sido aplicadas em diferentes áreas das políticas públicas, como por exemplo, a utilização de dados e análise de big data na formulação de políticas, a implementação de plataformas digitais para melhorar o acesso aos serviços de saúde, a utilização de tecnologias sustentáveis na gestão ambiental, entre outros casos de sucesso. A seguir apresentamos alguns exemplos de resultados positivos alcançados por essas iniciativas, bem como os desafios enfrentados na sua implementação.

Uso de análise de dados e big data na formulação de políticas: A utilização de dados e análise de big data tem se mostrado uma ferramenta poderosa na formulação de políticas públicas. A coleta e análise de dados em larga escala permitem identificar padrões, tendências e necessidades da população, embasando a tomada de decisões mais embasadas e efetivas, com o uso estratégico dos dados na elaboração de políticas mais direcionadas e eficientes.

Plataformas digitais para melhorar o acesso aos serviços: O uso de plataformas digitais tem sido adotado em diversas áreas das políticas públicas para melhorar o acesso e a eficiência dos serviços. Um exemplo é a implementação de prontuários eletrônicos na área da saúde, que permite o armazenamento e compartilhamento seguro de informações dos pacientes, facilitando o atendimento e o acompanhamento médico, a partir dos avanços alcançados com a digitalização dos serviços públicos.

Tecnologias sustentáveis na gestão ambiental: A aplicação de tecnologias sustentáveis tem sido uma estratégia importante na gestão ambiental. Exemplos incluem o uso de energias renováveis, como a solar e a eólica, para reduzir as emissões de carbono, e o uso de sensores e sistemas inteligentes para monitorar e gerenciar recursos naturais, refletindo a importância dessas tecnologias para a promoção da sustentabilidade ambiental.

Resultados e desafios na implementação: Os exemplos de uso da inovação e tecnologia nas políticas públicas têm demonstrado resultados positivos, como a melhoria do acesso aos serviços, a otimização dos recursos e a promoção da participação cidadã. No entanto, também enfrentam desafios, como a necessidade de investimento em infraestrutura, a capacitação dos servidores públicos e a garantia da segurança e privacidade dos dados, na implementação dessas iniciativas.

6.4.3 Benefícios da Inovação Tecnológica

A inovação tecnológica traz diversos benefícios para a implementação das políticas públicas, tais como a melhoria do acesso aos serviços, pois a utilização de aplicativos móveis e plataformas online facilita o agendamento de consultas médicas, solicitação de documentos e outros serviços governamentais, reduzindo filas e burocracias.

Além disso, a inovação tecnológica contribui para a otimização no uso dos recursos, possibilitando um melhor planejamento e alocação de recursos nas políticas públicas, aumentando a eficiência e evitando desperdícios. Outro benefício importante é a promoção da participação cidadã, pois plataformas digitais e redes sociais permitem que os cidadãos se envolvam no processo de tomada de decisão, contribuindo com idéias, sugestões e críticas.

No entanto, a implementação da inovação tecnológica também enfrenta desafios. É necessário realizar investimentos em infraestrutura, como redes de comunicação e sistemas de armazenamento de dados, para viabilizar a adoção dessas tecnologias. Além disso, a capacitação dos servidores públicos é essencial para garantir o uso eficiente e estratégico das ferramentas tecnológicas. A segurança e privacidade dos dados também são preocupações importantes, pois a utilização da inovação e tecnologia implica na coleta e armazenamento de dados pessoais dos cidadãos, que devem ser protegidos contra violações e usos indevidos.

Ou seja, a inovação tecnológica traz benefícios significativos para as políticas públicas, melhorando o acesso aos serviços, otimizando recursos e promovendo a participação cidadã. No entanto, é necessário enfrentar desafios como investimentos em infraestrutura, capacitação dos servidores públicos e garantia da segurança dos dados para uma implementação efetiva e bem-sucedida da inovação tecnológica nas políticas públicas.

A seguir o detalhamento de alguns benefícios que esta inovação tecnológica pode trazer para as políticas públicas.

Melhoria do acesso aos serviços: A utilização da inovação e tecnologia nas políticas públicas tem contribuído para melhorar o acesso da população aos serviços públicos. Por exemplo, a implementação de aplicativos móveis para agendamento de consultas médicas ou a criação de plataformas online para solicitação de documentos e serviços governamentais. Essas iniciativas têm como objetivo facilitar o acesso, reduzir filas e burocracias, e proporcionar maior comodidade aos cidadãos, promovendo a inclusão e a equidade no acesso aos serviços públicos.

Otimização dos recursos: A inovação e tecnologia podem auxiliar na otimização dos recursos disponíveis para a implementação das políticas públicas. A utilização de sistemas de gestão inteligente, por exemplo, permite um melhor planejamento e alocação de recursos, evitando desperdícios e aumentando a eficiência na execução das políticas, otimizando a governança e a gestão estratégica dos recursos para alcançar melhores resultados nas políticas públicas.

Promoção da participação cidadã: A inovação e tecnologia também têm o potencial de promover a participação cidadã nas políticas públicas. Através de plataformas digitais e redes sociais, os cidadãos podem ser envolvidos no processo de tomada de decisão, contribuindo com idéias, sugestões e críticas, como forma de fortalecer a legitimidade e a efetividade das políticas públicas.

6.4.4 Desafios na incorporação das inovações e tecnologia

Embora a inovação e a tecnologia ofereçam grandes oportunidades, também apresentam desafios e considerações éticas que devem ser abordados. Por exemplo, questões de privacidade e segurança de dados, desigualdade de acesso às tecnologias, impactos no mercado de trabalho e possíveis vieses algorítmicos. Estas questões requerem uma abordagem ética e responsável no uso da inovação e tecnologia nas políticas públicas, visando garantir a equidade, a proteção dos direitos e a justiça social.

Ou seja, embora desejável e necessária, a incorportação das inovações e tecnologia comumente enfrenta uma série de desafios e dificuldades. Conforme explicitados a seguir.

Necessidade de investimento em infraestrutura: A adoção de tecnologias inovadoras requer investimentos significativos em infraestrutura, como redes de comunicação, sistemas de armazenamento de dados e equipamentos, os quais requerem recursos adequados para suportar a implementação dessas políticas.

Capacitação dos servidores públicos: A implementação efetiva da inovação e tecnologia nas políticas públicas requer capacitação dos servidores públicos. É fundamental garantir que os profissionais responsáveis pela implementação das políticas estejam preparados para utilizar as ferramentas tecnológicas de forma eficiente e estratégica, a fim de garantir que possam promover a transformação digital do setor público.

Segurança e privacidade dos dados: A utilização da inovação e tecnologia nas políticas públicas implica na coleta e armazenamento de dados pessoais dos cidadãos. É essencial garantir a segurança e privacidade desses dados, protegendo-os contra violações e usos indevidos.

Desigualdade de acesso às tecnologias: A adoção de tecnologias inovadoras pode agravar a desigualdade social caso não seja assegurado um acesso equitativo e igualitário às tecnologias, especialmente em áreas remotas e comunidades vulneráveis.

Impactos no mercado de trabalho: A introdução de novas tecnologias nas políticas públicas pode ter implicações no mercado de trabalho, com desafios relacionados à automação e digitalização, implicando na necessidade de políticas públicas que garantam a proteção e a requalificação dos trabalhadores afetados por essas mudanças.

Vieses algorítmicos: O uso de algoritmos na tomada de decisões pode resultar em vieses e discriminação. Daí, a importância de abordar estes vieses algorítmicos e garantir a transparência e a equidade nas políticas públicas que utilizam essas tecnologias.

É fundamental abordar esses desafios e considerações éticas no uso da inovação e tecnologia nas políticas públicas, visando garantir a equidade, a proteção dos direitos e a justiça social, através de uma abordagem ética e responsável na incorporação da inovação e tecnologia nas políticas públicas.

6.4.5 Recomendações e perspectivas futuras

Com base nas experiências e nos desafios apresentados, passaremos agora às recomendações para promover o uso efetivo da inovação e tecnologia nas políticas públicas. Essas recomendações abrangem aspectos como parcerias entre o setor público e o setor privado, promoção da inclusão digital e da alfabetização tecnológica, estímulo à pesquisa e ao desenvolvimento de soluções inovadoras. Serão discutidas também as perspectivas futuras e as tendências emergentes nessa área, como a inteligência artificial, a Internet das Coisas e a transformação digital.

Parcerias entre setor público e privado: A colaboração entre o setor público e o setor privado pode ser benéfica para impulsionar a inovação e a tecnologia nas políticas públicas, a partir de parcerias estratégicas que estimulem o desenvolvimento conjunto de soluções tecnológicas e a troca de conhecimentos.

Inclusão digital e alfabetização tecnológica: Para garantir que todos os cidadãos se beneficiem da inovação e tecnologia, é necessário promover a inclusão digital e a alfabetização tecnológica, com programas de inclusão digital que forneçam acesso à internet, equipamentos e capacitação tecnológica para todos os segmentos da sociedade.

Estímulo à pesquisa e desenvolvimento: O estímulo à pesquisa e ao desenvolvimento de soluções inovadoras é fundamental para avançar nas políticas públicas, daí a importância de investir em pesquisa e fomentar a colaboração entre academia, setor público e setor privado para impulsionar a inovação e desenvolver soluções tecnológicas específicas para os desafios das políticas públicas (Zuffo, 2019).

A rápida evolução da tecnologia tem impactado significativamente as políticas públicas, abrindo novas perspectivas e trazendo tendências emergentes que prometem transformar a forma como o governo atua e se relaciona com os cidadãos. Neste contexto, a inteligência artificial, a Internet das Coisas e a transformação digital despontam como importantes impulsionadores de mudanças nas políticas públicas, com implicações para a governança e o desenvolvimento futuro.

As políticas públicas estão passando por um processo de transformação impulsionado pela rápida evolução tecnológica. À medida que a inteligência artificial, a Internet das Coisas e a transformação digital se tornam cada vez mais presentes em nosso cotidiano, surgem novas perspectivas e tendências que têm o potencial de redefinir o papel do governo e melhorar a qualidade dos serviços públicos, mas com novos desafios que acompanham essa transformação.

Inteligência Artificial (IA): A inteligência artificial tem sido amplamente adotada em várias esferas da sociedade e tem o potencial de revolucionar as políticas públicas. Através do uso de algoritmos avançados e aprendizado de máquina, a IA pode melhorar a eficiência e a eficácia das tomadas de decisão governamentais, permitindo a análise de grandes volumes de dados e a identificação de padrões e tendências. Além disso, a IA pode contribuir para a automação de processos, otimização de recursos e previsão de resultados, auxiliando na formulação e implementação de políticas públicas mais efetivas. No entanto, é fundamental abordar questões éticas, de transparência e responsabilidade associadas ao uso da IA no governo.

Internet das Coisas (IoT) e suas Implicações: A Internet das Coisas oferece a possibilidade de conectar dispositivos e objetos físicos à rede, permitindo a coleta e o compartilhamento de dados em tempo real. Essa interconexão traz oportunidades significativas para as políticas públicas, principalmente no que se refere aos processos de gestão de recursos, monitoramento ambiental, transporte inteligente e saúde pública. Por exemplo, sensores inteligentes podem ajudar a monitorar a qualidade do ar, a gestão de resíduos e a eficiência energética, proporcionando insights valiosos para o planejamento e implementação de políticas sustentáveis. No entanto, é essencial garantir a privacidade e a segurança dos dados coletados, além de enfrentar desafios relacionados à interoperabilidade e padronização dos dispositivos IoT.

Transformação Digital e Governo Digital: A transformação digital está remodelando as interações entre o governo e os cidadãos, promovendo a transparência, a participação e a colaboração. Através da disponibilização de serviços online, plataformas interativas e canais de comunicação digital, o governo pode se aproximar dos cidadãos e fornecer serviços mais acessíveis e eficientes. Além disso, a transformação digital possibilita a co-criação de políticas públicas, envolvendo os cidadãos na tomada de decisões e promovendo a participação cidadã. No entanto, é necessário superar obstáculos como a exclusão digital, a desigualdade de acesso à tecnologia e garantir que os serviços digitais sejam acessíveis a todos os segmentos da sociedade.

No entrelaçamento do tempo e da imaginação, vislumbramos um futuro em que as políticas públicas se transformam para moldar um mundo melhor. Com avanços tecnológicos surpreendentes, uma abordagem sustentável e uma visão inclusiva, as políticas públicas do futuro transcendem as limitações do presente e abrem caminho para uma sociedade mais próspera, justa e resiliente.

No entanto, é importante lembrar que o futuro não é determinado, e cabe a nós, como cidadãos conscientes, buscar ativamente essa visão de políticas públicas transformadoras, promovendo a colaboração e ação para construir o mundo que desejamos. O futuro está em nossas mãos, e é hora de escrevermos a história das políticas públicas do amanhã através da participação ativa.

Considerações Finais

À medida que a inteligência artificial, a Internet das Coisas e a transformação digital avançam, é fundamental que as políticas públicas acompanhem essas tendências emergentes e explorem seu potencial para o benefício da sociedade.

Os governos precisam adotar abordagens inovadoras, investir em capacitação e infraestrutura, e estabelecer regulamentações e diretrizes éticas para garantir o uso responsável e inclusivo dessas tecnologias. Além disso, é essencial promover parcerias entre o setor público, o setor privado e a sociedade civil para impulsionar a inovação e criar soluções efetivas para os desafios sociais e ambientais.

A transformação digital e o uso estratégico da inteligência artificial e Internet das Coisas têm o potencial de impulsionar uma nova era de políticas públicas mais eficazes, inclusivas e sustentáveis, mas isso não deve ocorrer espontaneamente, sem muita luta e participação da sociedade, sobretudo dos excluídos.

A incorporação da inovação e da tecnologia nas políticas públicas tem o potencial de impulsionar a eficiência, a transparência e a participação cidadã, além de oferecer soluções inovadoras para os desafios contemporâneos. No entanto, é necessário abordar os desafios éticos e garantir que o uso dessas tecnologias seja inclusivo e respeite os direitos e valores da sociedade.

Por meio de parcerias colaborativas e investimentos estratégicos, é possível aproveitar ao máximo o potencial da inovação e da tecnologia para aprimorar as políticas públicas e promover o bem-estar da população. O futuro das políticas públicas está intrinsecamente ligado ao desenvolvimento e à aplicação responsável da inovação e da tecnologia, e cabe aos formuladores de políticas, aos pesquisadores e à sociedade civil organizada explorar seu potencial e enfrentar os desafios para construir um futuro mais sustentável e inclusivo.

Ao longo deste livro, exploramos a natureza, as características e a importância das políticas públicas. Discutimos os conceitos fundamentais, as abordagens teóricas e as etapas do processo de formulação e implementação das políticas públicas. Também analisamos os diversos atores envolvidos, os instrumentos de políticas e os desafios enfrentados nesse campo.

Analisamos a definição e as características das políticas públicas, destacando sua natureza multidisciplinar e a necessidade de abordagens mais integradas para lidar com problemas complexos. Analisamos as diferentes etapas do ciclo de políticas e a importância do contexto político e institucional na determinação dos objetivos e finalidades das políticas públicas. Também discutimos a importância da participação cidadã, da capacidade administrativa e da inovação tecnológica nas políticas públicas. Ao longo do livro, examinamos casos práticos e exemplos para ilustrar as teorias e conceitos discutidos.

As políticas públicas são ações, programas e decisões tomadas pelos governos para enfrentar problemas públicos e promover o bem-estar social. Elas são direcionadas a questões de interesse coletivo e buscam soluções para desafios complexos que afetam a sociedade como um todo. A definição e as características das políticas públicas envolvem uma abordagem multidisciplinar e a necessidade de integração entre diferentes áreas de conhecimento e atores envolvidos.

Como destacamos, a natureza multidisciplinar das políticas públicas está relacionada à compreensão de que os problemas enfrentados pelas sociedades modernas são complexos e multifacetados. Eles envolvem questões sociais, econômicas, políticas, culturais e ambientais, entre outras. Portanto, a análise e a formulação de políticas públicas requerem a contribuição de diversas disciplinas, como ciências sociais, economia, direito, administração pública, entre outras. A multidisciplinaridade permite uma compreensão mais abrangente dos problemas e a busca por soluções mais eficazes.

Além disso, a abordagem integrada é fundamental nas políticas públicas, uma vez que os problemas públicos geralmente não podem ser solucionados de maneira isolada ou setorial. Eles exigem uma perspectiva ampla que considere as interações entre diferentes setores e atores sociais. A abordagem integrada envolve a coordenação e o alinhamento de ações e recursos entre diferentes níveis de governo, organizações da sociedade civil, setor privado e cidadãos. É necessário superar a fragmentação e promover a sinergia entre as áreas de políticas para abordar os problemas de forma mais efetiva.

Ademais, a necessidade de abordagens integradas nas políticas públicas está relacionada à complexidade dos problemas contemporâneos. Questões como pobreza, desigualdade, mudanças climáticas, segurança, educação e saúde exigem uma análise abrangente que considere múltiplos aspectos e variáveis interconectadas. A integração de diferentes áreas de políticas permite uma compreensão mais holística dos problemas e a busca por soluções mais abrangentes e sustentáveis.

Deixamos claro que as políticas públicas desempenham um papel crucial na promoção do bem-estar social, na resolução de problemas coletivos e na construção de uma sociedade mais justa e igualitária. Elas têm o potencial de melhorar a vida das pessoas, enfrentar desafios complexos e criar condições para um desenvolvimento sustentável. A compreensão e o estudo das políticas públicas são essenciais para garantir a efetividade e a eficácia das ações governamentais.

O ciclo de políticas públicas é uma abordagem teórica que descreve as diferentes etapas pelas quais uma política pública passa, desde a sua formulação até a sua avaliação e revisão. Essas etapas geralmente incluem a identificação e definição do problema, a formulação da política, a implementação, o monitoramento e a avaliação. Cada etapa é crucial para o sucesso e a eficácia da política pública.

A etapa de identificação e definição do problema é o ponto de partida do ciclo de políticas. Nessa fase, os tomadores de decisão identificam um problema que requer ação governamental e definem suas causas e consequências. Essa etapa envolve a coleta de dados, a análise de informações e a compreensão dos interesses e demandas da sociedade.

Observamos que a formulação da política ocorre com a identificação do problema. Nessa etapa, são desenvolvidas propostas e estratégias para enfrentar o problema. Os formuladores de políticas consideram diferentes opções, avaliam suas consequências e tomam decisões sobre quais medidas serão adotadas. A formulação da política envolve a análise de custos e benefícios, a consulta a especialistas e a consideração de diferentes perspectivas.

A implementação é a fase em que a política pública é colocada em prática. Envolve a alocação de recursos, a mobilização de atores e a coordenação de atividades para atingir os objetivos estabelecidos. A implementação bem-sucedida requer capacidade administrativa, coordenação interorganizacional e engajamento dos atores envolvidos.

O monitoramento e a avaliação são etapas importantes para garantir a eficácia e a eficiência da política pública. O monitoramento envolve o acompanhamento contínuo do progresso, a coleta de dados e a identificação de eventuais problemas ou ajustes necessários. A avaliação busca analisar os resultados e impactos da política, verificar se os objetivos foram alcançados e identificar lições aprendidas para aprimorar futuras políticas.

Ao longo do ciclo de políticas, o contexto político e institucional desempenha um papel fundamental na determinação dos objetivos e finalidades das políticas públicas. O contexto político refere-se às dinâmicas políticas, às relações de poder e aos interesses envolvidos na tomada de decisão. As instituições, por sua vez, moldam as regras do jogo político e influenciam as escolhas dos atores. Compreender o contexto político e institucional é essencial para entender as restrições e oportunidades que afetam a formulação e a implementação das políticas públicas.

Neste contexto, a participação cidadã, a capacidade administrativa e a inovação tecnológica desempenham papéis importantes nas políticas públicas. A participação cidadã envolve a inclusão dos cidadãos no processo de tomada de decisão, permitindo que eles contribuam com suas perspectivas e demandas. A capacidade administrativa refere-se à capacidade do Estado de implementar e gerenciar efetivamente as políticas públicas, envolvendo recursos humanos qualificados, processos eficientes e sistemas de monitoramento e avaliação. A inovação tecnológica oferece oportunidades para melhorar a eficiênciae a eficácia das políticas públicas, por meio da adoção de soluções tecnológicas que agilizam processos, melhoram a comunicação e facilitam o acesso aos serviços públicos.

Ao longo do livro, examinamos casos práticos e exemplos para ilustrar as teorias e conceitos discutidos. Esses casos abrangem diferentes áreas das políticas públicas, como saúde, educação, meio ambiente e assistência social. Analisamos as políticas implementadas, os desafios enfrentados e os resultados alcançados, destacando a importância das abordagens multidisciplinares, da participação cidadã, da capacidade administrativa e da inovação tecnológica.

Essas abordagens e elementos são essenciais para lidar com os problemas complexos enfrentados pelas sociedades contemporâneas. Problemas como desigualdade, mudanças climáticas, envelhecimento da população e desafios tecnológicos exigem soluções integradas, participativas e inovadoras. Ao considerar essas dimensões, as políticas públicas podem se tornar mais efetivas, responsivas e inclusivas.

A compreensão da definição e das características das políticas públicas, bem como das diferentes etapas do ciclo de políticas e a importância do contexto político e institucional, da participação cidadã, da capacidade administrativa e da inovação tecnológica, são fundamentais para a análise e o desenvolvimento de políticas públicas eficazes. Ao examinar casos práticos e exemplos, podemos aprender com as experiências passadas e buscar caminhos para enfrentar os desafios futuros.

Nesse sentido, é necessário um esforço contínuo de pesquisa e reflexão para aprimorar a teoria e a prática das políticas públicas, visando sempre ao bem-estar e ao progresso das sociedades.

Neste livro, pudemos refletir sobre os desafios e as oportunidades que as políticas públicas enfrentam. Observamos a importância de abordagens inovadoras, como a participação cidadã, a capacidade de gestão e a utilização da tecnologia. No entanto, também destacamos os desafios, como a resistência de atores, a complexidade dos problemas e as considerações éticas. Diante disso, é fundamental que os formuladores de políticas, pesquisadores e sociedade em geral continuem refletindo sobre como aprimorar o processo de formulação e implementação das políticas públicas, buscando sempre soluções mais efetivas e inclusivas.

Por fim, cabe frisar novamente que as políticas públicas são um campo complexo e desafiador, mas essencial para o desenvolvimento de sociedades justas e sustentáveis. Elas requerem uma abordagem integrada, participativa e inovadora, com o objetivo de superar desafios e promover mudanças positivas na vida das pessoas.

Políticas Públicas: Características e Definição   Paulo Ramos

Bibliografia

Abranches, S. (2014). Presidencialismo de coalizão: raízes e evolução do modelo político brasileiro. Companhia das Letras.

Abrucio, F. L. (2007). A coordenação federativa no Brasil: a experiência do período FHC e os desafios do governo Lula. Revista de Administração Pública, 41(5), 839-864.

Acemoglu, D., & Robinson, J. A. (2012). Why Nations Fail: The Origins of Power, Prosperity, and Poverty. Crown Business.

Adorno, T. W. (2005). Critical Models: Interventions and Catchwords. Columbia University Press.

Alkin, M. C., Christie, C. A., & Debus, M. E. (2019). Evaluation Roots: Tracing Theorists' Views and Influences. Thousand Oaks, CA: SAGE Publications.

Alkire, S., & Foster, J. (2011). Counting and multidimensional poverty measurement. Journal of Public Economics, 95(7-8), 476-487.

Almeida, M. B., & Silva, E. S. (2019). Inovação e Políticas Públicas no Brasil: Um olhar sobre as experiências do governo federal. Revista de Administração Pública, 53(1), 70-87.

_____, M. H. T. (2008). Participação e consenso na democracia contemporânea. Tempo Social, 20(1), 73-96.

_____ (2000). Democracia e Confiança: Por Que os Cidadãos Desconfiam das Instituições? Editora Fundação Getulio Vargas.

____. (1999). Dimensões da Política: Instituições, Atores e Processos. Editora Unesp.

____, P. R. (1997). O governo de si e dos outros: Ensaio sobre a emergência do espaço político no Brasil. Editora Universidade de Brasília.

Almond, G. A., & Verba, S. (1980). The civic culture revisited. Little, Brown.

Alston, P. (2005). Ships passing in the night: The current state of the human rights and development debate seen through the lens of the Millennium Development Goals. Human Rights Quarterly, 27(3), 755-829.

____., & Steiner, H. J. (Eds.). (2000). International Human Rights in Context: Law, Politics, Morals: Text and Materials. Oxford University Press.

Amadeu, S. (2017). A explosão das fake news: como a política de desinformação e os boatos digitais estão moldando o nosso tempo. Leya.

____., & Mattar, F. (2019). Exclusão digital: a miséria na era da informação. Boitempo Editorial.

Andrews, M. (2018). The limits of institutional reform in development: Changing rules for realistic solutions. Cambridge University Press.

Ansell, C., & Gash, A. (2018). Collaborative Governance in Theory and Practice. Oxford University Press.

Antunes, R. (2018). Adeus ao trabalho?: ensaio sobre as metamorfoses e a centralidade do mundo do trabalho. Cortez Editora.

Arbix, G. (2015). O futuro da indústria no Brasil. Editora Companhia das Letras.

_____. (2016). O valor da inovação no Brasil: oportunidades e desafios. Revista Brasileira de Inovação, 15(1), 113-140.

_____. (2019). A democracia da ciência: pesquisa e inovação no Brasil. Editora da Unicamp.

Archer, D. (2010). Democratic Theory and Policy Analysis: A Multidisciplinary Perspective. Albany: State University of New York Press.

Archibugi, D., & Held, D. (2011). Cosmopolitan democracy: Paths and agents. Ethics & International Affairs, 25(4), 433-461.

Ariely, D. (2010). Predictably irrational: The hidden forces that shape our decisions. HarperCollins.

_____. (2012). The upside of irrationality: The unexpected benefits of defying logic at work and at home. HarperCollins.

Arnstein, S. R. (1969). A Ladder of Citizen Participation. Journal of the American Institute of Planners, 35(4), 216-224.

Arretche, M. (2006). Federalism and Social Policies in Brazil: Patterns of Interaction between National and Subnational Governments. World Development, 34(11), 1917-1934.

_____. (2012). Estado federativo e políticas sociais: determinantes da descentralização. Revista Brasileira de Ciências Sociais, 27(78), 153-171.

_____. (2012). Trajetórias das desigualdades: como o Brasil mudou nos últimos cinquenta anos. Editora Unesp.

Avritzer, L. (2009). "Public Participation and Democratic Governance: A Comparative Study of Four Cases in Brazil." World Development, 37(11), 1835-1846.

____. (2010). A Participação em Belo Horizonte: da década de 80 aos anos 2000. Editora UFMG.

____. (2012). Participatory Institutions in Democratic Brazil. Baltimore: Johns Hopkins University Press.

____. (2019). Participatory institutions in democratic Brazil. In Handbook on Democratization in Latin America (pp. 419-439). Routledge.

Bacchi, C., & Goodwin, S. (2016). Poststructural Policy Analysis: A Guide to Practice. Oxford University Press.

Bachrach, P., & Baratz, M. S. (1962). Two Faces of Power. The American Political Science Review, 56(4), 947-952.

Bäckstrand, K. (2003). Civic science for sustainability: Reframing the role of experts, policy-makers and citizens in environmental governance. Global Environmental Politics, 3(4), 24-41.

Barbieri, J. C., & Cajazeira, J. E. R. (2009). Responsabilidade social empresarial e empresa sustentável: da teoria à prática. Saraiva.

Bardach, E. (2019). A Practical Guide for Policy Analysis: The Eightfold Path to More Effective Problem Solving. CQ Press.

Bason, C. (2017). Design for policy. Gower Publishing, Ltd.

____. (2017). Leading public sector innovation: Co-creating for a better society. Policy Press.

Baumgartner, F. R., & Jones, B. D. (1993). Agendas and instability in American politics. University of Chicago Press.

______., & Leech, B. L. (1998). Basic Interests: The Importance of Groups in Politics and in Political Science. Princeton University Press.

Béland, D., & Waddan, A. (2016). Policy Feedback in Comparative Perspective: A Comparative Analysis of Health Policy Reforms in the United States, Britain, and Canada. Governance, 29(1), 87-106.

Belton, V., & Stewart, T. (2002). Multiple criteria decision analysis: An integrated approach. Springer Science & Business Media.

Bem, D. J., & Rowe, G. (2018). Technology assessment and policy areas of great decisions: Handbook of technology assessment. Wiley.

Bendor, J., Glazer, A., & Hammond, T. H. (2018). Theories of rational choice: Politics and public policy. Routledge.

Bentham, J. (1789). An Introduction to the Principles of Morals and Legislation. Oxford University Press.

Berkes, F., Colding, J., & Folke, C. (2003). Navigating social-ecological systems: Building resilience for complexity and change. Cambridge University Press.

Besley, T., & Coate, S. (2003). Centralized versus decentralized provision of local public goods: A political economy analysis. Journal of Public Economics, 87(12), 2611-2637.

Biderman, C., & Santos, A. M. (2013). A era dos indicadores: ensaios sobre o monitoramento e avaliação de políticas públicas no Brasil. São Paulo: Fundação Getúlio Vargas.

Biggs, R., Schlüter, M., Biggs, D., Bohensky, E.L., BurnSilver, S., Cundill, G., ... & West, P.C. (2012). "Toward Principles for Enhancing the Resilience of Ecosystem Services." Annual Review of Environment and Resources, 37, 421-448.

Birkland, T. A. (2015). An introduction to the policy process: Theories, concepts, and models of public policy making. Routledge.

Boardman, A. E., Greenberg, D. H., Vining, A. R., & Weimer, D. L. (2018). Cost-Benefit Analysis: Concepts and Practice. Cambridge University Press.

Boudelaa, Abdelillah; Lemasson, Jean-Pierre. Theoretical approaches to public policy: a comprehensive review of the research methodologies. International Journal of Economics, Commerce and Management, vol. 2, n. 7, pp. 1-17, 2014.

Bovens, M. (2005). Public responsabilidade. In The Oxford Handbook of Public Management (pp. 182-204). Oxford University Press.

_____. (2010). The Politics of Responsabilidade and Evaluation: Models, Dilemmas and Perspectives. In E. M. Brans & D. F. J. Reynaert (Eds.), The Routledge Handbook of European Public Policy (pp. 234-247). Routledge.

_____. & 't Hart, P. (2019). Understanding Policy Fiascos. Oxford University Press.

Braga, M. S. (2010). Políticas públicas e gestão governamental. Editora Atlas.

_____. (2017). Políticas públicas no Brasil: Desafios e perspectivas. Editora Atlas.

Bresser-Pereira, L. C. (2004). Reforma do Estado para a cidadania: A reforma gerencial brasileira na perspectiva internacional. Editora FGV.

______. (2009). Estado e sociedade: Aulas de introdução à análise econômica do direito e do desenvolvimento. Editora FGV.

______. (2010). Políticas de desenvolvimento industrial e tecnológico. Editora UNESP.

______. (2012). Macroeconomia da estagnação: Crítica da ortodoxia convencional no Brasil pós-1994. Editora 34.

______. (2014). A construção política do Brasil: Sociedade, economia e Estado desde a Independência. Editora FGV.

______. (2015). Perspectivas da Administração Pública no Brasil. Editora FGV.

______. (2016). A construção política do Brasil: Sociedade, economia e Estado desde a independência. Editora 34.

______. (2021). Inovação e tecnologia nas políticas públicas: a reforma do Estado para o desenvolvimento. Revista de Administração Pública, 55(3), 418-423.

Brousselle, A., & Buregeya, J. M. (2019). Evaluation in Public Sector Reform: Concepts and Practice in International Contexts. Toronto: University of Toronto Press.

Buchanan, J. M. (2000). The Collected Works of James M. Buchanan: Volume 8, Democracy in Deficit: The Political Legacy of Lord Keynes. Liberty Fund.

______., & Tullock, G. (1999). The calculus of consent: Logical foundations of constitutional democracy. University of Michigan Press.

Bunge, M. (1979). The Sociology-Philosophy Connection. London: Transaction Publishers.

Buss, P. M. (2000). Uma introdução ao conceito de promoção da saúde. In Czeresnia, D., Freitas, C. M. (Orgs.). Promoção da saúde: conceitos, reflexões, tendências (pp. 15-37). Editora Fiocruz.

______, P., & Giovanella, L. (2007). A saúde e seus determinantes sociais. Physis: Revista de Saúde Coletiva, 17(1), 77-93.

Campelo, A., Ferreira, R. M., & Almeida, R. L. (2020). Inovação e política pública: uma análise bibliométrica da produção científica brasileira. Revista de Administração Pública, 54(1), 94-111.

Campos Machado, M. D., & Freitas, A. M. (2019). Participação social e políticas públicas. Editora Vozes.

Campos, F. (2016). Políticas públicas de ciência, tecnologia e inovação no Brasil. Editora Elsevier.

______. (2019). A inovação no serviço público: desafios e perspectivas. Revista do Serviço Público, 70(4), 785-808.

______., & Arbix, G. (2018). Inovação e política industrial no Brasil. Editora da Unicamp.

Carvalho, E. B., & Costa, V. M. R. (2018). Políticas Públicas: Conceitos, Esquemas de Análise, Casos Práticos. Almedina.

Castro, M. H. G. de. (2013). Políticas públicas para a educação básica no Brasil: limites e possibilidades. Educação & Sociedade, 34(123), 71-86.

______. (Org.). (2004). Políticas educacionais: questões e dilemas. Editora Vozes.

Cerdeira, L. (2012). Revisão de políticas públicas: a institucionalização de uma prática. Revista de Administração Pública, 46(2), 357-381.

Chakrabarty, D. (2000). Provincializing Europe: Postcolonial thought and historical difference. Princeton University Press.

Chambers, R. (2014). Participatory workshops: A sourcebook of 21 sets of ideas and activities. Earthscan.

Chen, H. T. (2015). Practical program evaluation: Assessing and improving planning, implementation, and effectiveness. Sage Publications.

Chowdhry, G., & Nair, S. (2002). Power, postcolonialism and international relations: Reading race, gender and class. Routledge.

Cohen, M. D., March, J. G., & Olsen, J. P. (2019). A garagem da teoria da escolha racional. Lua Nova: Revista de Cultura e Política, (107), 93-124.

Coleman, S., & Gotze, J. (Eds.). (2020). Innovation in public management: The role and function of strategic thinking. Edward Elgar Publishing.

_____., & Moss, G. (2012). Introduction: New directions in public participation. Information, Communication & Society, 15(5), 639-644.

Cooke, B., & Kothari, U. (Eds.). (2001). Participation: The New Tyranny? Zed Books.

Cornwall, A., & Gaventa, J. (2001). From users and choosers to makers and shapers: Repositioning participation in social policy. IDS Working Paper, 127.

Costa, A. C. A. (2018). Gestão pública para resultados no Brasil: a experiência do Programa de Metas de São Paulo. Editora FGV.

____., S. R. (2007). The institutional turn in Brazilian political science. Brazilian Political Science Review, 1(1), 4-32.

Crosby, B. C. (1997). Implementing strategic policies: The art of policy champions. Greenwood Publishing Group.

____., & Bryson, J. M. (2005). Integrative leadership and the creation and maintenance of cross-sector collaborations. Leadership Quarterly, 16(4), 597-615.

Dahl, R. A. (1971). Polyarchy: Participation and opposition. Yale University Press.

Damasio, A. (2010). Self Comes to Mind: Constructing the Conscious Brain. Vintage.

Dantas, M. (2018). Governança pública e tecnologia da informação: limites, desafios e perspectivas. Revista do Serviço Público, 69(1), 81-106.

____.., & Arbix, G. (2018). A revolução tecnológica e a transformação do trabalho e da sociedade. In Atlas do Trabalho Industrial (pp. 55-75). Editora Fundação Perseu Abramo.

Deakin, M., & Reid, J. (Eds.). (2019). Digital government at work: A social informatics perspective. Springer.

Deaton, A. (2010). Instruments, randomization, and learning about development. Journal of Economic Literature, 48(2), 424-455.

Dignum, V. (2019). Responsible Artificial Intelligence: How to Develop and Use AI in a Responsible Way. Springer.

DiMaggio, P. J., & Powell, W. W. (1991). The new institutionalism in organizational analysis. University of Chicago Press.

Dines, A. (2012). O papel da mídia na sociedade. Editora Objetiva.

Donahue, J. D., & Parkhurst, R. B. (2005). The Comparative Study of Public Policy. In The Oxford Handbook of Public Policy (pp. 275-295). Oxford University Press.

Donnelly, J. (2013). Universal Human Rights in Theory and Practice. Cornell University Press.

Downs, A. (1957). An Economic Theory of Democracy. Harper & Row.

Drucker, P. F. (1999). Management Challenges for the 21st Century. Harper Business.

Dryzek, J. S. (2005). Deliberative democracy in divided societies: Alternatives to agonism and analgesia. Political theory, 33(2), 218-242.

Duflo, E., & Banerjee, A. (2011). Poor economics: A radical rethinking of the way to fight global poverty. PublicAffairs.

Dunn, W. N. (2017). Public Policy Analysis: An Introduction (5th ed.). Routledge.

Durand, J., & Massey, D. S. (Eds.). (2019). The changing geography of globalization. Princeton University Press.

Dye, T. R. (2017). Understanding public policy. Upper Saddle River, NJ: Pearson.

Easton, D. (1953). The Political System: An Inquiry into the State of Political Science. New York: Alfred A. Knopf.

______. (1965). A framework for political analysis. Prentice-Hall.

Emerson, K., Nabatchi, T., & Balogh, S. (2012). An Integrative Framework for Collaborative Governance. Journal of Public Administration Research and Theory, 22(1), 1-29.

Evans, P. B. (1995). Embedded autonomy: States and industrial transformation. Princeton University Press.

Ferraz, C. R. D., & Lourenço, É. F. (2019). Políticas Públicas Ambientais no Brasil: Avaliação e Perspectivas. Editora Atlas.

Fetterman, D. M. (2019). Empowerment evaluation: knowledge and tools for self-assessment, evaluation capacity building, and responsabilidade. SAGE Publications.

Finger, M., & Baccini, P. (2010). Handbook of regulatory impact assessment. Edward Elgar Publishing.

Fischer, F. (2000). Citizens, Experts, and the Environment: The Politics of Local Knowledge. Duke University Press.

______. (2017). Reframing public policy: Discursive politics and deliberative practices. Oxford University Press.

______., & Forester, J. (1993). The Argumentative Turn in Policy Analysis and Planning. Duke University Press.

Fitzpatrick, J. L., Sanders, J. R., & Worthen, B. R. (2011). Evaluating Public Programs: Evidence-Based Policy Making and Implementation. Thousand Oaks, CA: SAGE Publications.

Fleurbaey, M., & Schokkaert, E. (2014). Beyond GDP: Measuring Welfare and Assessing Sustainability. Oxford: Oxford University Press.

Folke, C., Hahn, T., Olsson, P., & Norberg, J. (2005). Adaptive governance of social-ecological systems. Annual Review of Environmental Resources, 30(1), 441-473.

Fontes, V. (Ed.). (2018). Desafios da sociedade em rede: perspectivas interdisciplinares. Editora Vozes.

Forsyth, T. (2003). Critical Political Ecology: The Politics of Environmental Science. Routledge.

Foucault, M. (1991). Discipline and Punish: The Birth of the Prison. Vintage Books.

Fraser, N. (2009). Scales of justice: Reimagining political space in a globalizing world. Columbia University Press.

______. (2016). Fortunes of feminism: From state-managed capitalism to neoliberal crisis. Verso Books.

Freeman, R. E. (1984). Strategic management: A stakeholder approach. Pitman.

Freire, J., & Medeiros, M. (2019). Transformação digital dos serviços públicos: o caso do programa INSS Digital. Revista de Administração Pública, 53(6), 1135-1155.

Frey, K., & Müller, M. (Eds.). (2020). Handbook of Research on Policy Design. Edward Elgar Publishing.

Friedmann, J. (2017). Empowerment: The politics of alternative development. Routledge.

Fung, A. (2006). Empowered Participation: Reinventing Urban Democracy. Princeton: Princeton University Press.

______., & Wright, E. O. (2003). Deepening Democracy: Innovations in Empowered Participatory Governance. Verso Books.

Gadamer, H. G. (2004). Truth and Method. Continuum.

Gainsborough, J. (2013). A Critical Appraisal of Collaborative Governance. In The Oxford Handbook of Governance (pp. 388-402). Oxford University Press.

Gaventa, J. (2006). Finding the Spaces for Change: A Power Analysis. IDS Bulletin, 37(6), 23-33.

_____., & Barrett, G. (2010). So what difference does it make? Mapping the outcomes of citizen engagement. IDS Working Paper, 347.

George, A. L., & Bennett, A. (2005). Case studies and theory development in the social sciences. MIT Press.

Giddens, A. (2019). As consequências da modernidade. Editora Unesp.

Giovanella, L., & Fleury, S. (2018). Universal health system and universal health coverage: assumptions and strategies. Ciência & Saúde Coletiva, 23(6), 1763-1776.

Godoy, Arilda Schmidt. Pesquisa qualitativa: tipos fundamentais. Revista de Administração de Empresas, vol. 35, n. 3, pp. 20-29, 1995.

Goldemberg, J. (2017). Inovação tecnológica para o desenvolvimento sustentável. Estudos Avançados, 31(89), 7-18.

Goldsmith, S., & Eggers, W. D. (2004). Governing by Network: The New Shape of the Public Sector. Brookings Institution Press.

Gomes, G. C. (2014). Governança Pública e Desenvolvimento: Uma Análise do Contexto Brasileiro. Editora Saraiva.

Greco, S., Ehrgott, M., & Figueira, J. R. (Eds.). (2016). Multiple criteria decision analysis: State of the art surveys. Springer.

Greene, J. (2014). Moral Tribes: Emotion, Reason, and the Gap Between Us and Them. Penguin Books.

Grint, K., & Woolgar, S. (1997). The Machine at Work: Technology, Work, and Organization. Polity Press.

Habermas, J. (1984). The theory of communicative action: Vol. 1. Reason and the rationalization of society. Beacon Press.

______. (1996). Between facts and norms: Contributions to a discourse theory of law and democracy. MIT Press.

Haddad, E. A., & Moura, P. C. (2014). Análise de Impacto Regulatório: Conceitos e Métodos. Editora FGV.

Hajer, M. A. (1995). The politics of environmental discourse: Ecological modernization and the policy process. Oxford University Press.

Hall, P. A. (1993). Policy paradigms, social learning, and the state: The case of economic policymaking in Britain. Comparative politics, 25(3), 275-296.

______., & Soskice, D. (2001). Varieties of Capitalism: The Institutional Foundations of Comparative Advantage. Oxford University Press.

______., & Taylor, R. C. (1996). Political science and the three new institutionalisms. Political studies, 44(5), 936-957.

Hallin, D. C., & Mancini, P. (2004). Comparing Media Systems: Three Models of Media and Politics. Cambridge University Press.

Head, B. W. (2010). Reconsidering evidence-based policy: Key issues and challenges. Policy and Society, 29(2), 77-94.

____. (2015). Evidence-Based Policymaking: Principles and requirements. Australian Journal of Public Administration, 74(4), 417-426.

Held, D. (1995). Democracy and the global order: From the modern state to cosmopolitan governance. Stanford University Press.

Henggeler Antunes, C., & Santos, M. D. (2019). Multicriteria analysis in public policy: A case study in the context of water resources management. Water Resources Management, 33(3), 1035-1049.

Hill, M., & Hupe, P. (2019). Implementing Public Policy: An Introduction to the Study of Operational Governance. Sage Publications.

____., & Varone, F. (2019). The public policy process. Routledge.

Hindmoor, A. (2018). Preferences, power, and policy: The politics of choice. Oxford University Press.

Hoffmann, R. (2013). Avaliação de políticas públicas: uma revisão conceitual e metodológica. Planejamento e políticas públicas, (40), 211-259.

Howlett, M. (2011). Policy Design: Concepts and Approaches. Routledge.

____. (2019). Designing public policies: Principles and instruments. Routledge.

Howlett, M., & Mukherjee, I. (2020). Using Qualitative Comparative Analysis for Policy Research: Theory, Methodology and Empirical Applications. Palgrave Macmillan.

_____., & Ramesh, M. (2017). Studying public policy: policy cycles and policy subsystems. Oxford University Press.

Hufty, M. (2019). Global governance and domestic politics: Fragmented processes and dispersed authority. Palgrave Macmillan.

Hupe, P., & Hill, M. (2007). Street-Level Bureaucracy and Public Responsabilidade. Public Administration, 85(2), 279-299.

Jannuzzi, P. M. (2013). Avaliação de Políticas Públicas: Uma Proposta Metodológica em Construção. Editora IPEA.

Jenkins-Smith, H. C., & Sabatier, P. A. (2019). The advocacy coalition framework: An overview. In Theories of the policy process (pp. 191-220). Westview Press.

Jessop, B. (2010). The state: Past, present, future. Polity Press.

John, P. (2012). Analysing Public Policy. Routledge.

_____ & James, Oliver. (2018). Improving Public Policy: From Theory to Practice. London: Routledge.

J-PAL. (2020). Evaluating social programs. Retrieved from https://www.povertyactionlab.org/evaluating-social-programs

Katz, J. S., & Wagner, C. (Eds.). (2019). Handbook of the economics of innovation. Edward Elgar Publishing.

Kingdon, J. W. (2014). Agendas, alternatives, and public policies. Longman.

Kotler, P., Kartajaya, H., & Setiawan, I. (2016). Marketing 4.0: Do tradicional ao digital. Porto Alegre: Bookman.

Lamounier, B. (1996). A Democracia nas Américas. Editora Paz e Terra.

Lamounier, B. (2014). A Classe Média Brasileira: Amor e Ódio a Lul. Editora Topbooks.

Larré, S. (2018). Avaliação de Políticas Públicas: Uma Abordagem Conceitual e Metodológica. São Paulo: Editora Atlas.

Lasswell, H. D. (1951). The policy orientation. In The policy sciences (pp. 3-15). Stanford University Press.

Lazzarini, S. G. (2002). Capitalismo de laços: os donos do Brasil e suas conexões. Campus.

Lazzarini, S. G. (2019). Reinventando o Estado: Desafios da gestão pública contemporânea. Editora Saraiva.

Leal Filho, W., Mifsud, M., Caeiro, S., & Azeiteiro, U. M. (Eds.). (2019). Handbook of theory and practice of sustainable development in higher education. Springer.

Leis, H. R., & Franchini, M. (Eds.). (2018). Políticas públicas e meio ambiente. Editora Atlas.

Lemos, R. (2017). O direito na era digital: riscos e oportunidades. Editora FGV.

Levi-Faur, D. (Ed.). (2017). The Oxford Handbook of Governance. Oxford University Press.

Levy, K. (2016). Discretion, discrimination, and the myth of algorithmic objectivity. Wisconsin Law Review, (3), 745-820.

Lima, G. A. T., & Valença, M. (2019). Análise de contexto para a gestão estratégica de políticas públicas. Revista do Serviço Público, 70(1), 19-43.

Lindblom, C. E. (1959). The Science of "Muddling Through". Public Administration Review, 19(2), 79-88.

Linz, J. J., & Stepan, A. (1996). Problems of democratic transition and consolidation: Southern Europe, South America, and post-communist Europe. Johns Hopkins University Press.

Lipsky, M. (2010). Street-Level Bureaucracy: Dilemmas of the Individual in Public Services. Russell Sage Foundation.

Lodge, M. (2013). The Governance of Common Goods: Introduction and Conclusion. Oxford University Press.

Loureiro, M. R. (2013). Justiça ambiental e sustentabilidade: interfaces entre políticas públicas e participação social. Editora Cortez.

______. (2004). Participação social e políticas públicas no Brasil: avanços e desafios. In: Velloso, João Paulo dos Reis (org.). Participação e gestão pública: atores sociais, organizações e políticas. Brasília: Editora UnB.

Lowi, T. J. (1972). Four systems of policy, politics, and choice. Public Administration Review, 32(4), 298-310.

Luhmann, N. (1987). Sistemas Sociais: Fundamentos de uma Teoria Geral. São Paulo: Edições Vozes.

Machado, M. D. C. (2004). Políticas públicas: fundamentos e evolução. Editora Vozes.

____. (2017). Políticas Públicas: Conceitos, Esquemas de Análise, Casos Práticos. Imprensa da Universidade de Coimbra.

____., & Bresser-Pereira, L. C. (2016). Políticas públicas: reflexões sobre o conceito jurídico e sociológico. Revista Direito e Práxis, 7(1), 557-580.

Maciel, M. L. (2017). Inclusão digital e direitos humanos: desafios para o acesso, uso e participação na sociedade da informação. Editora FGV.

Mahoney, J., & Thelen, K. (2015). Advances in Comparative-Historical Analysis. Cambridge University Press.

Mainwaring, S., & Pérez-Liñán, A. (2014). Democracies and dictatorships in Latin America: Emergence, survival, and fall. Cambridge University Press.

Majone, G. (1997). From the positive to the regulatory state: Causes and consequences of changes in the mode of governance. Journal of Public Policy, 17(2), 139-167.

Maravall, J. M., & Przeworski, A. (Eds.). (2003). Democracy and the Rule of Law. Cambridge University Press.

March, J. G., & Olsen, J. P. (1984). The new institutionalism: Organizational factors in political life. American political science review, 78(3), 734-749.

Marchiori, D. M., Miranda, E. G., & Zamboni, E. M. (2016). Nudges, public policies and consumer behavior: A review. Journal of Consumer Policy, 39(1), 17-42.

Marques, E. C. (2016). Demografia e políticas públicas. Editora Atlas.

Marsh, D., & Smith, M. (2000). Understanding Policy Networks: Towards a Dialectical Approach. Political Studies, 48(1), 4-21.

Matus, C. (1993). Política, Planejamento e Governo. Brasília: Ipea.

Matus, C. (1993). Política, planificación y gobierno. Fondo de Cultura Económica.

Maynard-Moody, S., & Musheno, M. (2003). Cops, teachers, counselors: Stories from the front lines of public service. The University of Michigan Press.

Mazmanian, D. A., & Sabatier, P. A. (1989). Implementation andorganization change. In The Politics of Public Management (pp. 163-187). Sage Publications.

Mazur, A. (2002). Theorizing feminisms in policy: The politics of the possible. Policy Sciences, 35(3), 203-222.

Mazurana, D., McKay, S., & Mazurana, A. (2005). Complex emergencies, gender, and violence: Implications for policy and practice. Peace and Conflict: Journal of Peace Psychology, 11(3), 291-308.

Mazzucato, M. (2018). O Estado Empreendedor. Portfolio Penguin.

McAdam, D., Tarrow, S., & Tilly, C. (2001). Dynamics of Contention. Cambridge University Press.

Meirelles, F. S. (2018). Tecnologia e Inovação no Setor Público: A Transformação Digital e a Reforma Administrativa no Brasil. Editora FGV.

Mendes, L. S. (2020). Proteção de Dados e Privacidade na Era da Tecnologia. Revista de Direito da Cidade, 12(2), 272-299.

Mignolo, W. (2011). The darker side of Western modernity: Global futures, decolonial options. Duke University Press.

Mill, J. S. (1863). Utilitarianism. Parker, Son, and Bourn.

Mintrom, M., & Norman, P. (2009). Policy entrepreneurship and policy change. Policy studies journal, 37(4), 649-667.

Monteiro, H., & Rocha, R. (2020). Big data e análise de dados: desafios e oportunidades para as políticas públicas no Brasil. Revista de Administração Pública, 54(2), 331-348.

Mueller, D. C. (2003). Public Choice III. Cambridge University Press.

Mulgan, G. (2017). Big mind: How collective intelligence can change our world. Princeton University Press.

Nader, H., & Lemos, R. (2020). Proteção de dados pessoais no Brasil: desafios e perspectivas. Revista de Direito da Cidade, 12(1), 111-136.

Nassif, L. (2021). O Brasil e o capital de risco. Carta Capital, 19(1182), 33-35.

Neri, M. C. (2019). Economia digital, inovação e inclusão social. Editora FGV.

Nicolau, J. (2019). Estratégias de inovação no setor público. Editora FGV.

Niskanen, W. A. (1971). Bureaucracy and Representative Government. Aldine-Atherton.

Nobre, C. A. (2014). Aquecimento global e mudanças climáticas: desafios e soluções. Editora Contexto.

_____., C., & Goldemberg, J. (2019). O futuro da energia no Brasil. Estudos Avançados, 33(96), 217-234.

Nutley, S. M., Walter, I., & Davies, H. T. (2007). Using Evidence: How research can inform public services. Policy Press.

O'Donnell, G. (1993). On the State, Democratization and Some Conceptual Problems. World Development, 21(8), 1355-1369.

_____., & Schmitter, P. C. (1986). Transitions from authoritarian rule: Tentative conclusions about uncertain democracies. The Johns Hopkins University Press.

O'Leary, R. (2006). The theory of policy cycles. In Handbook of public policy analysis: Theory, politics, and methods (pp. 199-213). CRC Press.

Oliveira, L. S. de, & Ferreira, R. S. (2021). Políticas Públicas de Meio Ambiente no Brasil: Análise e Perspectivas. Editora Juruá

_____, V. C., Souza, M. T., & Silva, M. D. (2017). Análise das políticas públicas de saúde no Brasil: revisão integrativa. Ciência & Saúde Coletiva, 22(7), 2297-2308.

_____, V. E., Pereira, I. B., & Trindade, L. L. (2017). Análise das políticas públicas de saúde no Brasil: revisão integrativa. Revista Brasileira de Pesquisa em Saúde, 19(3), 71-79.

Oliver, K., Innvar, S., Lorenc, T., Woodman, J., & Thomas, J. (2014). A Systematic Review of Barriers to and Facilitators of the Use of Evidence by Policymakers. BMC Health Services Research, 14(1), 1-12.

Olson, M. (1965). The logic of collective action: Public goods and the theory of groups. Harvard University Press.

Osborne, S.P., & Strokosch, K. (eds.) (2013). "The New Public Governance?: Emerging Perspectives on the Theory and Practice of Public Governance." Routledge.

Ostrom, E. (1990). Governing the Commons: The Evolution of Institutions for Collective Action. Cambridge University Press.

____. (2010). Beyond Markets and States: Polycentric Governance of Complex Economic Systems. American Economic Review, 100(3), 641-672.

Pádua, J. A. (2018). Ecopolítica no Brasil: a busca da sustentabilidade. Editora Peirópolis.

Paes, J. M., & Mendes, C. S. (2017). Políticas públicas regionais no Brasil: Experiências, desafios e perspectivas. Editora FGV.

Paim, J., Travassos, C., Almeida, C., Bahia, L., & Macinko, J. (2018). The Brazilian health system: history, advances, and challenges. The Lancet, 391(10125), 1778-1797.

Parry, G. (2017). Monitoring Policy and Performance: Text and Cases. London: Routledge.

Parsons, T. (1991). The Social System. New York: Free Press.

Patton, M. Q. (2018). Qualitative Research & Evaluation Methods: Integrating Theory and Practice. Thousand Oaks, CA: SAGE Publications.

Peck, J., & Theodore, N. (2007). Variegated capitalism. Progress in Human Geography, 31(6), 731-772.

Pereira, C., & Teixeira, A. C. (2019). Comparative Politics in Latin America. Palgrave Macmillan.

______, G. F., & Batista, P. N. (2021). Políticas públicas e tecnologia: um olhar sobre inovação e transformação digital. Revista de Administração Pública, 55(1), 203-217.

______, L. C. B. (2012). A análise de políticas públicas no Brasil. Revista Brasileira de Ciências Sociais, 27(80), 7-19.

Peters, B. G. (2015). Comparative Politics: Theory and Methods. Palgrave Macmillan.

______. (2018). The politics of bureaucracy. Routledge.

______., & Pierre, J. (2007). Comparative Governance: Rediscovering the Functional Dimension of Governance. In Handbook of Comparative Public Administration in the Asia-Pacific (pp. 29-48). CRC Press.

______., & Pierre, J. (2019). Governance, politics and the state. Macmillan International Higher Education.

Phillips, A. (2017). The politics of presence: Democracy and group representation. Oxford University Press.

Pierson, P. (2004). Politics in time: History, institutions, and social analysis. Princeton University Press.

Pinto, J. M. R. (2002). A política educacional no Brasil e a descentralização do ensino. Cadernos de Pesquisa, 115, 27-57.

______. (2015). Políticas Educacionais: questões e dilemas. Editora Cortez.

Piven, F. F. (2015). Poor people's movements: Why they succeed, how they fail. Vintage.

Pochmann, M. (2014). Desigualdade e política social no Brasil. Revista Katálysis, 17(1), 6-15.

Pogrebinschi, T. (2016). Participatory governance: Theory, practice, and the public sphere. Oxford University Press.

Praça, S. (2016). A Comparative Study of Local Democracy: Brazil and Argentina in Perspective. In Local Government in Latin America (pp. 49-69). Springer.

_____. (2017). A política importa: a democracia além das urnas. Editora Zahar.

_____. (2017). Democracia no Brasil: Presença, Atitudes e Comportamento Político. Zahar.

_____. (2019). Políticas Públicas e Participação Cidadã: entre a retórica e a prática. Editora Unesp.

_____., & Avritzer, L. (2018). Participação e deliberação: teoria democrática e experiências institucionais no Brasil contemporâneo. Editora UFMG.

Prado, M. M. (2016). O Capital da Política: O Financiamento de Campanhas Eleitorais no Brasil. Editora Unesp.

Pressman, J. L., & Wildavsky, A. B. (1973). Implementation: How Great Expectations in Washington Are Dashed in Oakland. University of California Press.

Provan, K.G., & Kenis, P. (2007). "Modes of Network Governance: Structure, Management, and Effectiveness." Journal of Public Administration Research and Theory, 18(2), 229-252.

Przeworski, A., Alvarez, M. E., Cheibub, J. A., & Limongi, F. (2000). Democracy and development: Political institutions and well-being in the world, 1950-1990. Cambridge University Press.

Ragin, C. C. (2008). Redesigning Social Inquiry: Fuzzy Sets and Beyond. University of Chicago Press.

Ramesh, M. (2004). Policy Making in an Era of Globalization: Domestic Responses to Global Challenges. Cambridge University Press.

Ratier, R. (2019). Inclusão Digital e Políticas Públicas: Reflexões e Experiências Brasileiras. Editora FGV.

Ravallion, M. (2015). The economics of poverty: History, measurement, and policy. Oxford University Press.

Rezende, M. (2012). Reforma do Estado e políticas públicas no Brasil. Editora FGV.

Rhodes, R. A. W. (1997). Understanding Governance: Policy Networks, Governance, Reflexivity, and Responsabilidade. Open University Press.

______. (2019). Understanding governance: Ten years on. Oxford University Press.

Ribeiro, D. C., & Fonseca, C. (2018). Avaliação participativa de políticas públicas: Desafios e perspectivas. Revista Administração Pública e Gestão Social, 10(1), 37-47.

______, E. A., & Dallabrida, N. M. (2018). Políticas públicas locais: Fundamentos e instrumentos. Editora FGV.

Ricoeur, P. (1976). Interpretation Theory: Discourse and the Surplus of Meaning. Texas Christian University Press.

Rifkin, S. B., & Kang, S. W. (2017). Participatory Evaluation: Principles, Practice, and Perspectives. Guilford Publications.

Rihoux, B., & Grimm, H. (2011). Innovative Comparative Methods for Policy Analysis: Beyond the Quantitative-Qualitative Divide. Springer.

Rizzi, R. (2017). Análise Econômica de Políticas Públicas. Editora Atlas.

Robbins, P. (2012). Political Ecology: A Critical Introduction. Wiley-Blackwell.

Rossi, P. H., Lipsey, M. W., & Freeman, H. E. (2018). Evaluation: A Systematic Approach. Thousand Oaks, CA: SAGE Publications.

Rua, M. G. (2004). Políticas Públicas: Formação, Implementação e Avaliação. Editora FGV.

_____. (2010). Políticas públicas e equidade social: conhecimento e práticas. Editora Fiocruz.

_____., Junqueira, L. A. P., & Santos, V. L. P. (2015). Participação política e formulação de políticas públicas: uma análise do Plano Nacional de Educação. Ciência & Saúde Coletiva, 20(6), 1681-1692.

Rutter, J., Benova, L., Atun, R., & McKee, M. (2019). The impact of experimental studies on the effectiveness of policy interventions: a systematic review. Journal of Public Health, 41(1), e84-e93.

Sabatier, P. A. (2020). Theories of the policy process. Routledge.

_____., & Jenkins-Smith, H. C. (1993). Policy change and learning: An advocacy coalition approach. Westview Press.

_____., & Jenkins-Smith, H. C. (1999). The Advocacy Coalition Framework: An Assessment. In Theories of the Policy Process (pp. 117-166). Westview Press.

_____., & Mazmanian, D. A. (1983). Implementation and Public Policy. Scott, Foresman.

_____., & Mazmanian, D. A. (1999). The implementation of public policy: A framework of analysis. In Theories of the policy process (pp. 111-140). Westview Press.

_____., & Weible, C. M. (Eds.). (2014). Theories of the Policy Process. Westview Press.

Sachs, I. (2019). The age of sustainable development. Columbia University Press.

Salles-Filho, E. (2014). Avaliação de Políticas Públicas: Conceitos, Métodos e Experiências. Editora Unesp.

Santos, B. de S. (2002). Participatory Budgeting in Porto Alegre: Toward a Redistributive Democracy. Politics & Society, 30(1), 1-42.

_____ (2014). A difícil democracia: reinventar as esquerdas. Boitempo Editorial.

_____. (2014). Para além do pensamento abissal: das linhas globais a uma ecologia de saberes. Novos Estudos-CEBRAP, (97), 17-33.

_____. (2002). Toward a multicultural conception of human rights. In The South in the Globalization Process (pp. 133-151). Palgrave Macmillan.

_____. (2003). Reinventar a democracia. Civitas, 3(2), 193-214.

_____. (2018). A cruel pedagogia do vírus. Autonomia Literária.

_____., & Avritzer, L. (Orgs.). (2019). Escalas de ação política: Da experiência local à construção transnacional. Editora UFMG.

_____, W. G. (2013). O Estado Militar na Era dos Negócios. Civilização Brasileira.

_____. (1979). Cidadania e justiça: A política social na ordem brasileira. Campus.

Savas, E. S. (2000). Privatization and public-private partnerships. Chatham House Publishers.

Scharpf, F. W. (1997). Games Real Actors Play: Actor-Centered Institutionalism in Policy Research. Boulder, CO: Westview Press.

Schedler, A., Diamond, L., & Plattner, M. F. (Eds.). (1999). The Self-Restraining State: Power and Responsabilidade in New Democracies. Boulder: Lynne Rienner Publishers.

Schmidt, V. A. (2008). Discursive Institutionalism: The Explanatory Power of Ideas and Discourse. Annual Review of Political Science, 11, 303-326.

Schön, D. A., & Rein, M. (1994). Frame reflection: Toward the resolution of intractable policy controversies. Basic Books.

Schwartz, G. (2018). Inovação e Políticas Públicas: Perspectivas para o Futuro. Editora FGV.

_____, P. (1996). The art of the long view: Planning for the future in an uncertain world. New York: Doubleday.

Sen, A. (2004). Capabilities, lists, and public reason: Continuing the conversation. Feminist Economics, 10(3), 77-80.

______. (2006). Identity and Violence: The Illusion of Destiny. W. W. Norton & Company.

Senge, P. M. (1990). The Fifth Discipline: The Art and Practice of the Learning Organization. Doubleday.

Serra, R. G., & Sá, I. M. (2018). Governança colaborativa em políticas públicas: Uma revisão sistemática da literatura. Revista de Administração Pública, 52(5), 934-950.

______, R. M. (2006). Governança multinível e políticas públicas: abordagem, conceito e estratégias. Revista de Administração Pública, 40(3), 521-546.

Shadish, W. R., Cook, T. D., & Leviton, L. C. (2015). Foundations of program evaluation: Theories of practice. Sage Publications.

Shore, C., & Wright, S. (2000). Coercive responsabilidade: The rise of audit culture in higher education. In Engaging anthropology: The case for a public presence (pp. 253-272). Palgrave Macmillan.

Silva, E. S., & Prado, S. L. M. (2018). Tecnologia, inovação e políticas públicas. Revista de Administração Pública, 52(4), 582-588.

Simon, H. A. (1957). Models of Man: Social and Rational: Mathematical Essays on Rational Human Behavior in a Social Setting. Wiley.

Sørensen, E., & Torfing, J. (2011). Theories of democratic network governance. Palgrave Macmillan.

____. (2011). Enhancing collaborative innovation in the public sector. Administration & Society, 43(8), 842-868.

____. (2019). Enhancing collaborative innovation in the public sector. In The Palgrave Handbook of Public Administration and Management in Europe (pp. 641-659). Palgrave Macmillan.

Souza, C. (2006). Políticas públicas: uma revisão da literatura. Sociologias, 8(16), 20-45.

____, J. (2019). A elite do atraso: da escravidão à Lava Jato. Leya.

Stone, D. (2002). Policy paradox: The art of political decision making. WW Norton & Company.

Sunstein, C. R. (2017). The Ethics of Influence: Government in the Age of Behavioral Science. Cambridge University Press.

't Hart, P., & Boin, A. (2001). Between crisis and order: Historical perspectives on the study of public crisis management. Public administration, 79(3), 415-428.

Tarrow, S. (2011). Power in movement: Social movements and contentious politics. Cambridge University Press.

Teixeira, A. (1997). Economia Política das Políticas Públicas. UnB Editora.

Thaler, R. H. (2015). Misbehaving: The Making of Behavioral Economics. W. W. Norton & Company.

____., & Sunstein, C. R. (2009). Nudge: Improving Decisions About Health, Wealth, and Happiness. Penguin Books.

Thelen, K. (1999). Historical institutionalism in comparative politics. Annual Review of Political Science, 2(1), 369-404.

Tilly, C. (2004). Social movements, 1768-2004. Paradigm Publishers.

True, J. (2012). The political economy of violence against women. Oxford University Press.

United Nations. (2009). Manual on Human Rights-Based Approach to Development Cooperation and Programming. United Nations.

______. (2012). Public-Private Partnerships in the United Nations System: Implementing the 2030 Agenda for Sustainable Development.

Van Thiel, S., & Leeuw, F. (2002). The performance paradox in the public sector. Public Performance & Management Review, 25(3), 267-281.

Vansnick, J. C., & Greco, S. (2008). Interactive multicriteria decision making: The reference point method. Springer Science & Business Media.

Vedung, E. (2018). Public policy and program evaluation. Routledge.

Vieira, F. S. (2013). Burocracia e Política no Brasil: Desafios para a Gestão Pública. Editora FGV.

Waack, R. S. (2017). Meio ambiente: preservação, sustentabilidade e política. Editora Vozes.

Weible, C. M., & Ingold, K. (2017). The advocacy coalition framework: Innovations and clarifications. In Theories of the policy process (pp. 189-222). Westview Press.

Weingast, B. R. (2014). The economic role of political institutions: Market-preserving federalism and economic development. Journal of law, economics, and organization, 30(suppl_1), i5-i31.

Weiss, C. (1998). Evaluation: Methods for Studying Programs and Policies. Prentice Hall.

______. (1979). The many meanings of research utilization. Public administration review, 39(5), 426-431.

Weiss, C. H. (1980). Knowledge creep and decision accretion. Knowledge: Creation, Diffusion, Utilization, 1(3), 381-404.

______. (1998). Evaluation: Methods for Studying Programs and Policies. Prentice Hall.

Weiss, C. H. (2018). Evaluation: Methods for studying programs and policies. Pearson.

White, L. D. (1948). Introduction to the Study of Public Administration. Macmillan.

Woodrow Wilson, W. (1887). The study of administration. Political Science Quarterly, 2(2), 197-222.

World Health Organization. (2013). Health literacy: The solid facts. Regional Office for Europe.

Yin, R. K. (2018). Case Study Research and Applications: Design and Methods. Thousand Oaks, CA: SAGE Publications.

Young, I. M. (2000). Inclusion and democracy. Oxford University Press.

Zuffo, M. (2019). Tecnologia e Inovação nas Políticas Públicas: Desafios e Oportunidades. Editora Appris.

Sobre o autor

Paulo Roberto Ramos é cientista político, com graduação em Ciências Sociais, mestrado e doutorado em Sociologia do Desenvolvimento. Atualmente é professor do Mestrado em Dinâmicas de Desenvolvimento do Semiárido e do Curso de Ciências Sociais da Universidade Federal do Vale do São Francisco, Brasil. Líder do Observatório de Políticas Públicas (CNPq) e Coordenador do Programa Escola Verde. Orientador do Programa Residência Pedagógica. Coordenador do Espaço Sala Verde. Diretor Executivo da Revista Verde.